ゲーム理論の見方・考え方

岡田 章

keiso shobo

はしがき

本書は、ゲーム理論の入門的な解説書です。理論の歴史から最新の研究成果をコンパクトに紹介しています。

ゲーム理論は、「社会とは、自分の価値や利益を求める人びとがルールを守ってプレイするゲームである」という社会とゲームの類似性に着目して、人間行動と社会のあり様を数理的に研究する学問です。

このような大きな目標をもつゲーム理論は、20世紀半ばに数学者のジョン・フォン・ノイマンと経済学者のオスカー・モルゲンシュテルンによって創設されました。ゲーム理論は誕生以来、多くの称賛と批判を受けながら、数学、経済学、経営学、社会学、政治学、心理学、生物学、工学など広い学問分野の研究者の探求心と研究意欲を刺激し、学問の発展に貢献してきました。とくに、経済学へのインパクトは大きく、１９９４年にノーベル経済学賞がゲーム理論の分野に初めて授与されて以来、現在までにすでに11名のゲーム理論の研究者が受賞しています。他の受賞者の多くの研究もゲーム理論に深く関っています。

ゲーム理論がこのように学問のフロンティアを開拓し続けている理由は、「自律した行動主体の相互関係性」というゲーム理論の研究対象が、理系と文系を問わず、さまざまな学問分野に共通に見いだされるからです。

本書では、ゲーム理論に初めて接する読者のために、理論の発展に沿って、第4章までの前半はゲーム理論の歴史を含む基本的な内容を解説しています。すでにゲーム理論の知識のある読者は、関心のある章や項目を独立して読むことができます。また、本書の内容をさらに詳しく知りたい読者のために、外国語文献も記載しています。

ゲーム理論は数学的な理論ですが、そのエッセンスを理解するには高校数学Ⅰ、Ⅱの知識があれば十分です。本書では、できるだけ数式を用いないように努めましたが、読みづらい個所も数多くあると思います。読者の方々のご批判を仰ぎたいと思います。

本書の執筆のきっかけは、成城大学社会イノベーション学部の2019―20年度授業「国際協力・開発イノベーション論」の講義を担当したことです。多くの受講生の皆さんに感謝します。とくに、2020年度の受講生は、コロナ禍のオンライン授業というストレスのある環境にもかかわらず、ホームワークや活発な質問を通じて、著者にゲーム理論を講義する喜びを与えてくれました。最後に、本書の出版では、勁草書房の宮本詳三氏に大変お世話になりました。この場を借りてお礼を申し上げます。

2022年5月

岡田　章

ゲーム理論の見方・考え方　目次

はしがき

第1章　ゲーム理論の誕生……1

ナッソークラブでの朝食　1／二人の共同研究　2／社会科学と数学　3／『ゲーム理論と経済行動』の出版　4／ゲーム理論の最初の論文　5／数理経済学の論文　6／不動点定理　8／社会とゲーム　9／調和と対立の可能性　11／人間の合理性　12／心理学とゲーム理論　14／生物学とゲーム理論　16／数学の有用性　17

コラム1　若き日のフォン・ノイマン　18

コラム2　ウィーンのモルゲンシュテルン　19

第2章　意思決定……21

意思決定のモデル　21／合理的選択と効用　22／意思決定と確率　23／リスクの下での意思決定問題　24／サンクトペテルブルクのパラドックス　25／フォン・ノイマンとモルゲンシュテルンの効用理論　27／期待効用の公理　29／フォン・ノイマン＝モルゲンシュテ

ルン効用　31／不確実性下の意思決定問題　33／リスクに対する態度　33／アレのパラドックス　34／エルズバーグのパラドックス　36／期待効用理論の役割　38

コラム3　合理的選択のas-if仮説　40

第3章　対立、協調、交渉……41

ゲームにおける相互依存状況　41／ゲームの数学モデル　42／完全対立ゲームと完全一致ゲーム　43／誘因混合ゲーム　44／優位戦略と劣位戦略　45／マックスミニ戦略とミニマックス戦略　46／ゼロ和2人ゲームの鞍点　48／確率的戦略　49／ミニマックス定理　50／純粋協調問題　53／最適応答原理　53／ナッシュ均衡　54／なぜナッシュ均衡が重要なのか？　56／ナッシュ均衡と不動点定理　57／純粋協調問題のナッシュ均衡　58／複数均衡問題　59／フォーカル・ポイント　60／協調問題　61／交渉問題　63／分配問題　65／ナッシュの交渉理論　66／残された問題　70

コラム4　プロスポーツ選手とゲーム理論　71

コラム5　ゲーム理論は現実の交渉を説明できるか？　72

第4章　時間と情報……75

時間に沿って進行するゲーム　75／情報のモデル　76／情報と知識　78／チェーンストア・ゲーム　80／逐次合理性の原理　81／信憑性のない脅し　83／反事実的事象と完全均

衡　85／21本の旗問題　86／ドル・オークション　87／チェーンストア・パラドックス　90
／赤い帽子をかぶった3人の女の子　93／モンティ・ホール問題　95／逆選択とモラル・
ハザード　98／レモン市場　99／チープトーク　100／ナッシュ、ハーサニとゼルテンの均
衡理論　104／意味のあるチープトークの可能性　105／バブリング均衡　105／シグナリング　106
／スクリーニング　108／勝者の災い　109
コラム6　コミュニケーション　112

第5章　協力の可能性……113

囚人のジレンマ　113／個人合理性と集団合理性の矛盾　115／共有地の悲劇　116／囚人のジ
レンマの解決　117／繰り返しゲームの理論　118／囚人のジレンマの繰り返しゲーム　120／
互恵性による協力関係　122／繰り返し囚人のジレンマの実験　124／公共財の供給問題　125
／公共財ゲーム　125／人はフリーライダーを罰するか？　128／処罰社会と処罰フリー社会　130
／公共財の二次ジレンマという難問　131／公共財ゲームにおける制度形成の実験　132
コラム7　社会的ジレンマ　135
コラム8　地球温暖化問題におけるルール作り　136

第6章　グループ形成……137

グループを形成する人間　137／フォン・ノイマンとモルゲンシュテルンの提携理論　138／

ゼロ和3人ゲーム 139／安定集合 141／提携ゲーム 143／3人協力ゲーム 144／効率性と公平性 145／規範理論と実証理論 145／提携安定性とゲームのコア 146／3人対称協力ゲームのコア 148／提携形成の交渉実験 148／成熟経済の非効率で不公平な分配 151／市場ゲームのコア 153／コアにおける取引 154／市場取引が不公平である可能性 156／マッチング・ゲーム 157

コラム9 互恵性の意図せざる帰結 159

第7章 大多数社会 ………… 161

大多数のプレイヤーが参加するゲーム 161／多人数囚人のジレンマ 162／社会行動のダイナミックス 164／クリティカル・マス 166／パンデミック下の外出自粛行動 167／ケインズの美人投票の物語 169／平均値推測ゲームの実験 172／バブル現象 173／投機ゲーム 175／合理的バブル 178／ランダムマッチング・ゲーム 184／評判と社会規範 184／間接互恵性――あなたを助ければ誰かが助けてくれる 185

コラム10 3つの古典的なバブル事件 188

第8章 信頼 ………… 191

信頼は社会の基盤 191／信頼ゲーム 192／信頼と期待 195／裏切られる嫌悪感 196／信頼は経済成長の原動力 199／管理の「隠れ費用」 200／信頼と文化 203／信頼の「解き放ち」

理論　205／文化の世代間継承　206／信頼と社会制度　209／信頼と協力から倫理へ　210
コラム11　信頼の研究　211

第9章　フェア・プレイ……213
人間にとって倫理とは　213／さまざまな「公正」な分配　215／ゲーム理論の有用性　217／功利主義批判　220／ロールズの格差原理　221／行為功利主義とルール功利主義　222／基数的効用　224／スミスの『道徳情操論』　225／中立的な観察者のゲーム・モデル　227／道徳的効用関数の一次同次性　229／個人間の効用比較　230／功利主義的道徳判断　230／ゲーム理論と道徳　232／批判的ルール功利主義　234／ロールズの正義論　234／無知のベール　236／マックスミニ原理の合理性？　237／功利主義と平等主義の両立可能性　238／社会のルールを作るゲーム　240／心理学からの知見　241／モラル・ゲームとライフ・ゲーム　242
コラム12　功利主義について　244

あとがき　247
参考文献　v
索　引　i

第1章　ゲーム理論の誕生

要点

●数学者のジョン・フォン・ノイマンと経済学者のオスカー・モルゲンシュテルンが１９４４年に『ゲーム理論と経済行動』を出版し、ゲーム理論が創設された。
●ゲーム理論は、自由で自律的なプレイヤーの合理的な意思決定を研究する。
●ゲーム理論は、経済学などの社会科学の分野だけでなく生物学や心理学など広範囲な学問分野に応用されている。

ナッソークラブでの朝食

アメリカの東部ニュージャージー州にあるプリンストン市は、ニューヨークから電車で約２時間ほどで着く閑静な学園都市である。学問の世界では、プリンストン大学とプリンストン高等研究所のある町として名高い。プリンストン大学はハーバード大学やマサチューセッツ工科大学などと並ぶアメリカが誇る一流大学である。プリンストン高等研究所は１９３０年の設立以来、数学と物理学の分野で世界の最高頭脳が集まる研究所である。相対性理論で有名な物理学者のアインシュタインは設立以来の教授である。

1942年の12月、クリスマスが近いある日、大学の関係者が集まるナッソークラブで二人の男性が朝食をとっていた。二人はドイツ語で熱心に何かを議論している。一人の男性は、ハンガリー生まれの数学者で、20世紀の最高の知性の一人と言われるジョン・フォン・ノイマンである（コラム1）。フォン・ノイマンはアインシュタインと同じくプリンストン高等研究所の設立以来の教授である。

もう一人の男性は、オーストリア出身の経済学者で、プリンストン大学で経済学を講義しているオスカー・モルゲンシュテルンである（コラム2）。二人が時間を経つのも忘れて熱く議論しているテーマが、ゲーム理論である（Morgenstern 1976）。

二人の共同研究

ゲーム理論とは、いったいどんな理論だろうか？　二人は、数学によって社会や経済における合理的行動の一般原理を解明するという大きな目標をもち、当時、誰もが考えつかなかった野心的な研究プロジェクトに没頭していた。

経済社会では、消費者や生産者だけでなく、企業や労働組合、政府などのさまざまな組織が意思決定し行動する。そして、社会や組織を研究する上でも人間行動の研究が基本である。イギリスの大経済学者のアルフレッド・マーシャルは、

「政治経済学、あるいは経済学は、日常生活における人間を研究する学問である。（中略）それは、

一面では富の研究であるが、他の、そしてもっと重要な面では、人間科学の一分科である」（引用者訳）

と述べている（Marshall 1890）。

数学によって人間行動を研究するといっても、「そのようなことが本当にできるのだろうか？」「人間は感情に左右される動物であり、人間行動を数式で表すことはできないのでは？」「人間は合理的には行動しない」といった疑問や反論をもつ人も多いと思う。

科学にとって大切なことは、新しいアイディアを生む創造性と新しい問題に挑戦する独創性とパイオニア精神である。二人は、既存の学問や通説が否定的に考える問題に対しても先入観なく探究する深い洞察力と強い知的関心をもっていた。

社会科学と数学

現在でも、数学は物理学や化学、工学などの理系の学問には必要だが、経済学や経営学、政治学、心理学などの文系の学問には必要ないと思っている人が少なくない。しかし、フォン・ノイマンとモルゲンシュテルンの考えは、違っていた。二人は、経済学に数学が使えない根本的な理由は何もないと信じていた。むしろ、経済学が厳密な科学として発展するためには、経済学の問題を数学によって明晰に定式化する必要性を強く感じていた。

数学は、あらゆる科学の共通言語である。一つの学問が科学として発展するためには、数学を用いて問題が曖昧なく定式化され、その数学モデルが厳密な論理によって分析可能であることが必要である。ただし、文系の学問に必要な数学は、二次方程式や微積分の問題が解ける計算力ではなく（モデルの分析には計算も必要だが）、より重要なことは、新しい問題を発見し、その内容を誰もが理解できるように数学の言語を用いて明晰に定式化する能力である。さらに、仮定から命題を導く論理的思考力である。

数学は、社会におけるさまざまな意思決定問題の共通した構造は何か、意思決定の一般原理は何かを解明するために必要な分析道具である。

『ゲーム理論と経済行動』の出版

ナッソークラブに戻ろう。１９４２年12月には、二人の共同研究の成果である本の原稿はほとんど仕上がり、最後の数ページを残すだけであった。クリスマスの日に最後のペンを加え、１９４３年1月1日、二人の共同研究は完成した（鈴木 2014）。

当初、本の原稿はプリンストン大学出版局と１００ページ程度の小冊子として出版の契約をしていたが、最終的に提出したタイプ原稿は、図と数学記号が満載で１２００ページを超す大著となっていた。大学出版局はレフリーなしで原稿を受諾し、第２次世界大戦という困難な社会経済状況にもかかわらず、出版作業を進めた。原稿は、１９４４年9月18日に出版された（von Neumann and Morgenstern 1944）。

本のタイトルは、『合理的行動の一般理論』などいくつかの案が考えられたが、当初からの『ゲーム理論と経済行動』とされた。経済行動というキーワードが入っているが、二人はゲーム理論が経済学だけでなく社会学や政治学にも応用できることを確信していた。ここに、「20世紀前半の科学の主要な出来事の一つ」と評されたゲーム理論が誕生した（Copeland 1945）。

ゲーム理論の最初の論文

ハンガリーで生まれた若き日のフォン・ノイマンは、ヨーロッパの数学界のスターとして数々の業績をあげた。１９２８年にゲーム理論の最初の論文を発表した（von Neumann 1928）。論文はドイツ語で書かれ、題名は「ゲゼルシャフト・シュピール（社会ゲーム）の理論について」である。

論文は、社会ゲーム（または戦略ゲーム）の数学モデルを提示し、ゼロ和２人ゲームのミニマックス定理（第３章）を証明している。ゼロ和２人ゲームとは、ジャンケン、将棋やチェス、顧客をめぐって競争する２つの保険会社、敵対的な株式公開買付け（ＴＯＢ）による企業買収、２大政党による政権獲得競争、など２人のプレイヤーの利害が完全に相反するような社会状況を意味する。フォン・ノイマンは、ミニマックス定理によりゼロ和２人ゲームにおける合理的な意思決定の問題を完全に解決した。

さらに、フォン・ノイマンは、ゼロ和２人ゲームだけでなく２人のプレイヤーが協力して１人のプレイヤーに対抗するような３人ゲームの分析も行った。論文の内容は、後に出版される『ゲーム理論と経済行動』の骨格をなすものであった。

１９３３年１月、ドイツでヒトラーが率いる反ユダヤ主義のナチ党政権が成立し、ユダヤ人を公職から追放した。アインシュタインをはじめ多くのユダヤ人学者は国外に亡命した。ベルリン大学に勤めていたフォン・ノイマンもアメリカに亡命し、１９３３年にプリンストン高等研究所の教授に就任した。

数理経済学の論文

１９３２年の冬、フォン・ノイマンはプリンストン大学の数学セミナーで数理経済学の論文を報告した。ドイツ語の論文の題目は、「経済の方程式体系とブラウワーの不動点定理の一般化」である（von Neumann 1937）。数学者のフォン・ノイマンが考えた経済学の問題とは、次のようである。「n種類の財がm個の生産工程によって生産可能であるとき、どの生産工程が使用され、各財の価格はどのようになるか？」

経済ではさまざまな財が取引されるが、財の価格は経済活動になくてはならないものである。消費者は、価格をみてどの財をどのくらい消費するかを決定する。生産者は、価格をみてどの財をどのくらい生産するかを決定する。財の市場価値は価格によって決定される。経済学の根本問題は、財の価格はどのように決まるかを説明することである。

18世紀、近代経済学の父といわれるアダム・スミスが、著作『諸国民の富』で述べた次の有名な文章は、財の価格が決まり生産者と消費者の間で取引が円滑に行われる市場の状態（市場均衡と呼ばれる）を記述している（スミス 1776=1965, 56頁）。

「あらゆる個人は、（中略）公共の利益を促進しようと意図してもいないし、自分がそれをどれだけ促進しつつあるのかを知ってもいない。（中略）かれは自分自身の利益だけを意図しているわけなのであるが、しかもかれは、このばあいでも、その他の多くのばあいと同じように、見えない手(an invisible hand) に導かれ、自分が全然意図してもみなかった目的を促進するようになるのである。」

経済学の基本的な考えは、財の価格は需要関数（価格と需要量の関係を表す関数）と供給関数（価格と生産量の関係を表す関数）の交点で定まるというものである。**図1-1**の横軸は財の需要量と供給量を表し、縦軸は財の価格を表す。通常の条件のもとでは、価格が上がると需要量は減るので、需要関数のグラフは右下がりである。他方、価格が上がると生産量は増えるので、供給関数のグラフは右上がりである。市場均衡では需要量と供給量は等しくなり、財の均衡価格は、2つのグラフの交点で定まる。

図1-1は、他のすべての財の価格を一定としたときの1つの財の市場均衡を示している。このような均衡を部分均衡という。現実の経済では何千、何万という種類の財・サービスが取引されていて、しかも、ある財の価格が変動すると他の財の価格も変動する。異なる財の市場は相互に連関していて、複数の財の価格は同時に決定される。部分均衡と対比して、経済全体のすべての市場で同時に成立する均衡を、一般均衡という。経済理論の主要な問題は、一般均衡の存在問題である。

当時の経済学者は、需要と供給の均衡条件を価格が未知数である連立方程式で表したが、連立方程式の解である一般均衡の存在

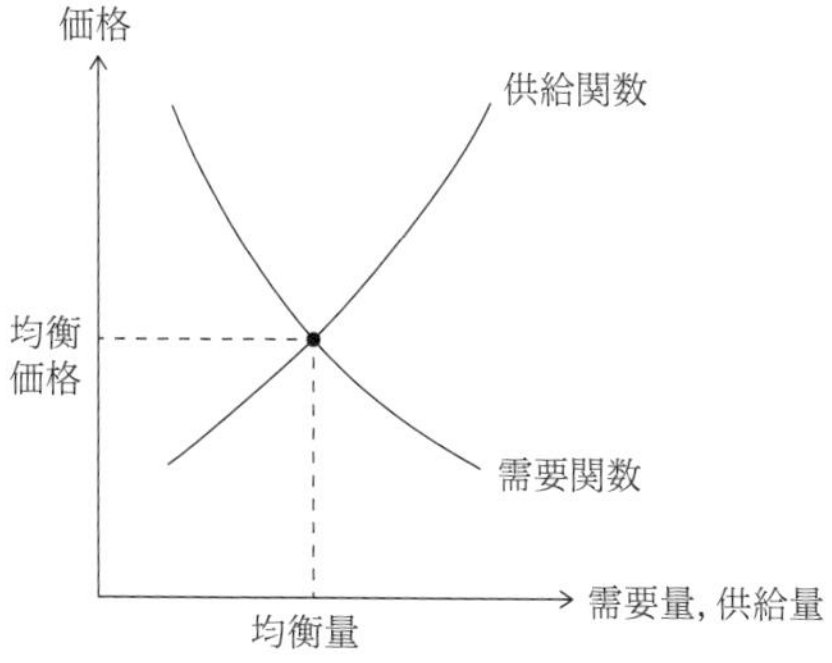

図1-1　財価格の決定

を証明するには至らなかった。20世紀になり、数学が経済学に導入されるようになったが、連立方程式の解の存在を方程式の数と未知数の数が等しいことによって確認するという素朴なものであった。しかし、方程式の数と未知数の数が等しいことと連立方程式の解が存在することは直接には関係がない。一般均衡の存在証明は、当時の経済学者にとっては手に負えない難問であった。

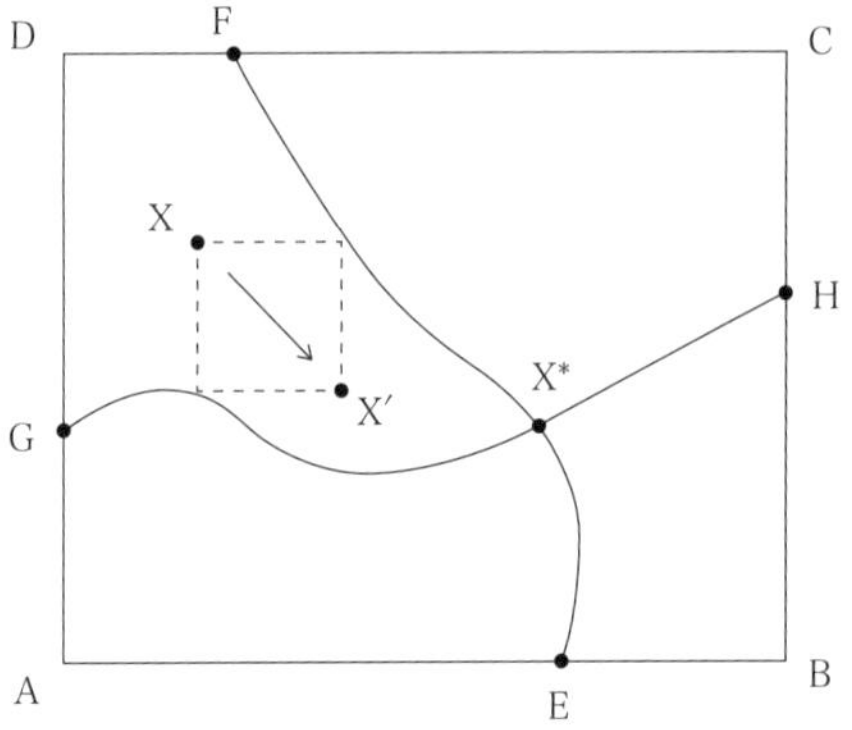

図1-2　ブラウワーの不動点定理

不動点定理

このような状況を打開したのが、フォン・ノイマンの論文であった。フォン・ノイマンは連立方程式の解の存在を証明するために、論文のタイトルにあるトポロジー（位相数学）の分野の「ブラウワーの不動点定理」を用いた。

ブラウワーの不動点定理とは、次のような内容の定理である。**図1-2**のように長方形ABCDで辺ABの点Eと辺CDの点Fを結ぶ連続な曲線EFを描く。同様に、辺ADの点Gと辺BCの点Hを結ぶ連続な曲線GHを描く。このとき、2つの曲線EFとGHの交点X*が少なくとも1つ存在する。「不動点定理」の名前は、**図1-2**のように点Xから点X′の変換を考えるとき、交点X*は変換で動かない点、すなわち不動点、であることから来ている。フォン・ノイマンは、曲線が道路のような幅をもった帯の場合にもブラウワーの不動点定理を拡張し、不動点定理を用いて一般均衡の存在を証明した。

フォン・ノイマンが拡張した不動点定理は、その後、プリンストン高等研究所でフォン・ノイマンの下で研究をしていた数学者の角谷静夫によって経済学者が使いやすいように定式化され、「角谷の不動点定理」と呼ばれている。角谷の不動点定理は、経済学のための数学の道具箱には欠かせないものである。

社会とゲーム

フォン・ノイマンとモルゲンシュテルンが社会における意思決定の理論を「ゲーム理論」と名づけたのには理由がある。

今日、わたしたちはさまざま社会状況を表すのに「ゲーム」の用語を使う。ゲームは、囲碁、将棋、チェス、ポーカーやブリッジなどの室内遊戯を指すだけでなく、野球やサッカー、ラグビーなどのスポーツもゲームと言われる。また、マネー・ゲーム、投資ゲーム、ビジネス・ゲーム、外交ゲームなど、経済、ビジネス、政治の世界でもゲームという用語が使われる。さらに、恋愛ゲーム、心理ゲームや人生ゲームなどともいわれる。このように人間生活のほとんどすべての局面をゲームと呼ぶことができる。

ゲームと呼ばれる多くの状況には、次のような共通した性質がある。

(1) 複数のプレイヤーが意思決定をする。

(2) 各々のプレイヤーは目標をもつ。

(3)　プレイヤーの目標の達成は、プレイヤー自身の意思決定だけでなく、他のプレイヤーの意思決定にも依存する。

(4)　プレイヤーはゲームのルールを守らなければならない。

室内ゲームやスポーツのように勝ち負けを競うゲームでは、プレイヤーの目標は完全に対立する。これに対して、親と子、恋人、友人、売り手と買い手、上司と部下、職場の同僚、政治家と有権者、弁護士と依頼人などの関係では、プレイヤーの目標は、完全には一致しなくても、一致する部分が程度の差こそあれ存在する。このようなゲームでは、利害が異なるプレイヤーどうしが協力しようとする。一般のゲームでは、対立と協力が混在する。

ゲームのルールによって、プレイヤーの選択可能な選択肢（または行動）の集合が与えられ、その中からプレイヤーは自分の好きな選択肢を自由に選択できる。この意味で、プレイヤーは自由な行動主体である。また、プレイヤーは他人の意思でなく自分の意思に従って意思決定をする。この意味で、プレイヤーは自律的である。ゲーム理論は、自由で自律的なプレイヤーの意思決定を研究する。

ゲームの3つ目の性質は、ゲームを特徴づける大事な性質である。ゲームの結果は、参加するすべてのプレイヤーの行動によって決まる。このことから、プレイヤーは他のプレイヤーの行動を読んで自分の行動を決定しなければならない。プレイヤーの行動は他のプレイヤーの行動に応じて決まる。例えば、2人のプレイヤーAとBがいるとすると、プレイヤーAの行動は、プレイヤーBの行動によって決まる。同時に、プレイヤーBの行動はプレイヤーAの行動によって決まる。2人のプレイヤーの行動は、相互決定的である。プレイヤーの行動はお互いの行動に左右されるので、ゲームは相互依存状況であるともいう。

ゲームの4つ目の性質は、わたしたちの社会そのものがもつ性質である。社会には、法律、規則、慣習、道徳、マナーなど社会の構成員が守るべきルールがある。社会は、人びとがルールを守って競い合い協力するゲームである。

調和と対立の可能性

18世紀、スミスは、『諸国民の富』の前に発表した『道徳情操論』(スミス 1759=1969) の中で「ゲーム」という用語を使って、人間社会の特質を論じている。

「人間社会という大きなチェス盤の上では、個々の駒は立法府が押しつけようとする行動原理とは異なる独自の行動原理をもつ。もし二つの行動原理が一致し同じ方向に向かうならば、人間社会のゲームは苦もなく調和し、幸福であり繁栄するだろう。しかし、もし正反対であったり異なるならば、ゲームは悲惨であり、社会はつねに大きな混乱に陥る」(引用者訳)

スミスは、ゲームとしての人間社会が陥る危険性を指摘している。社会のゲームでは、人びとは一定のルールの下で自由に意思決定し行動する。一方、法律を作り社会を治める治世者は、自らが欲する行動原理を人びとに押しつけようとする傾向がある。人びとが欲する行動と治世者が強制する行動が一致すれば、社会は幸福であり繁栄できるが、もしそうでなければ、人びとと治世者は対立し、ゲームは悲惨な結果となり、社会の秩序は大きく乱れる。社会には、調和と対立の可能性がつねに存在する。

人間の合理性

ゲーム理論は、社会における人間の合理的な意思決定を研究する学問である。これに対して、「人間は合理的でない」という批判は、わたしたちの経験から判断して一つの真実であると思う。しかし、他方、合理性が人間の重要な属性であることももう一つの真実である。理性的に判断し合理的な意思決定ができることが、人間と生物の大きな違いである。近代合理主義の哲学を創始したデカルトは、

「良識はこの世でもっとも公平に配分されているものである。というのは、だれでも自分は十分に良識をそなえていると考え、（中略）自分が持っている以上の良識を持ちたいと望まないのが普通だから。（中略）このことは、正しく判断し、真偽を弁別する能力――これがまさしく良識、もしくは理性と呼ばれているところのものだが――は、生まれながらに、すべてのひとに平等であることを立証している」

と述べている（デカルト1637=1963, 8頁）。

古代ギリシャの哲学者ソクラテス、プラトン、アリストテレス以来、人類は「人間にとって善き行為とは何か」について思索を積み重ねてきた。「善き行為」には、道徳的、美的および宗教的な善悪の価

値基準が含まれる。近代の社会科学は、価値中立的な概念として「合理的な行為」を研究の対象としてきた。プレイヤーにとっての合理的な行為とは、目的の実現のために手段として利用するような行為のことである。社会学者のマックス・ヴェーバーは、これを「目的合理的行為」と呼んだ（ヴェーバー 1922=1972）。

社会科学の他の学問と同様に、ゲーム理論が人間の合理的行動を研究する大きな理由は、合理性の視点に立って人間行動を解釈し理解するためである。そして、合理性による人間行動の理解が他の方法と比べて最も明晰であるからである。例えば、わたしたちは、他人の行動を観察し、「なぜあの人はあのように意思決定し行為したのだろうか」という疑問をもつとしよう。このとき、その人の行為の動機を調べ、行為が動機に照らして合理的であることが判明すれば、行為について納得する。

ゲーム理論や経済学は、人間の合理的行動を主な研究対象とするが、研究者は「人間は合理的である」と単純に信じているわけではない。現実の人間は、しばしば間違いをするが、多かれ少なかれ合理的に行動しようとし、そのように努力する。過去の行動を振り返って合理的でなかったことが判明するとひどく後悔するのは、わたしたちが合理的な選択をしたいという欲求をもっている証左である。

科学哲学者のカール・ポパーは、このことが、「合理的な人間」のモデルは単純ではあるが、現実の人間の近似として用いることを可能にすると論じている（ポパー 1957=1961）。ポパーは、人間が合理性をもつと仮定してモデルを作り、合理的行動を一種のゼロ座標として用い、人びとの現実の行動が合理的行動からどれだけ違うかを評価する方法を、社会科学における論理的または合理的構成の方法と呼んだ。

現実社会は混沌としている。わたしたちは合理的行動の理論を基準にして人間の非合理な行動を理解することができる。ゲーム理論は、合理性を座標軸として人間と社会を理解する世界認識――ものの見方と考え方――をわたしたちに提供してくれる。

心理学とゲーム理論

ゲーム理論は人間の合理的な意思決定を研究するが、人間は感情のない機械やロボットではない。ゲーム理論は、喜び、愛、嫉妬などの感情や金銭欲、権力欲、名誉欲などの欲望をもっている人間を想定する。さまざまな感情や欲望が人間行動の動機を形成し、目的志向的な人間の行動誘因となる。人間行動の動機は、心理学の中心的な研究対象である。動機は本能によって決定されている先天的なものか、学習や経験によって獲得する後天的なものか、動機づけの過程はどのようなものか、長い間、研究が行われてきた。ゲーム理論は、動機に関する心理学の研究を基礎として、プレイヤーは一定の目標、目的を達成するように行動すると想定する。

動機に加えて、認知は人間の精神活動の中心である。人間は、推論と判断を経て意思決定を行う。ゲーム理論では、人間の合理的な意思決定が主な研究対象であり、伝統的に人間の認知能力に特別な制限はないという仮定に立つ。もちろん、このような仮定が現実的であると考えているわけでなく、ポパーの合理的構成の方法によって、合理的人間のモデルを研究の座標軸として採用するのである。近年では、認知能力に限界のある合理性（限定合理性）をもつプレイヤーの意思決定の研究が活発に行われている。

これに対して、心理学は現実の人間の認知の性質を探究する。ゲーム理論と心理学の人間の認知に対する接近方法の違いを理解するには、次の例題がわかりやすい。

認知心理学者のダニエル・カーネマンは、次のような質問を作った（Kahneman 2012）。

バット・ボール問題

「1本のバットと1個のボールの値段は合わせて1・10ドル。バットはボールより1ドル高い。ボールはいくらですか？」


正解は、5セント（1ドル＝100セント）である。カーネマンによると、ハーバード大学、MIT、プリンストン大学などの学生でも50％以上が間違うそうである。多くの大学生は10セントと間違えるようだ。もしボールが10セントならば、バットは1ドル10セントで、合わせて1ドル20セントとなってしまう。筆者も大学の授業で学生に質問したことがあるが、52人中25人が間違った。誤回答は、50セント（12名）が多く、次に10セント（10名）が続いた。

カーネマンによると、判断や意思決定をつかさどる人間の認知システムには2つのシステム、1と2、があり、システム1は自動的に瞬時に判断し（ファストな思考）、システム2は努力してゆっくりと判断する（スローな思考）。「バット・ボール問題」で間違う大学生は、システム1の直感レベルで問題を判断し、答えを見つけようとする。

心理学は、直感的に瞬時に判断する人間の認知を研究するが、ゲーム理論や経済学は慎重で思慮深く判断する人間の意思決定を研究する。このような違いがあるが、2つの学問を対立するものととらえる必要はない。現実の人間の行動は複雑で曖昧である。合理性と非合理性という2つの視点から、わたしたちは現実の人間行動をよりよく理解できる。

生物学とゲーム理論

フォン・ノイマンとモルゲンシュテルンがゲーム理論を創設して以来、長い間、社会科学の研究者は、ゲーム理論は生物学のような自然科学の学問には応用できないと考えてきた。自然科学は自然界という因果論的な世界を扱う学問であり、社会科学のような目的論的世界を研究の対象とする学問ではない。

生物や動物は、人間のように合理的に思考して行動しない。理性や合理性の要素は生物にはない。生物世界の基本原理は、自然環境に適応できない生物は淘汰され、環境に適応する生物のみが生き残るという、進化論を提唱したチャールズ・ダーウィンの「自然選択」の考えである（ダーウィン 1859=1990）。ダーウィンの著作では、「生存闘争」という用語が頻繁に登場するが、文字通りの闘争ではなく、広い意味の生物の相互依存関係を表すための比喩的な表現である。

1970年代に、進化生物学者のメイナード・スミスは、社会科学の伝統的な考えにとらわれずに、ゲーム理論を生物学に応用するという斬新なアイディアを思いついた（メイナード・スミス 1982=1985）。ゲーム理論や経済学では、人間は効用（心理的な喜びの大きさを表す数値、第2章）を最大にするように合理的な選択をすると考える。もし生物が自然環境に適応できる程度を表す数値、これを適応度という、が適切に定義できれば、ダーウィンの自然選択は、適応度を最大にする生物個体が生き残るという考えとして解釈できる。通常、生物個体の適応度は、個体が将来に残せる子孫の期待値で定義される。

簡単に言えば、生物は適応度を最大にするように進化するということである。

このことに注目すれば、合理的選択を自然選択に置き換えれば、人間の合理的行動を分析するためのゲーム理論の数理モデルは、生物進化の分析にも応用できる。ダーウィンの自然選択の考えによって、生物社会もゲーム理論の研究対象となった。生物学で始まった新しいゲーム理論を、進化ゲーム理論という。

数学の有用性

ゲーム理論の数理モデルが、研究対象が大きく異なる社会科学と生物学に等しく応用できるのは、数学のもつ普遍性と抽象性のおかげである。数学の言語で表現された形式的なモデルは、その抽象性ゆえに自由な解釈が可能であり、さまざまな状況を記述できる普遍性をもつ。

大学で教えていると、文系の多くの学生が数学に対して苦手意識をもっていることに気づく。これは、計算に弱いというより数学の抽象性に慣れていないことが主な原因のように思える。ゲーム理論や経済学では、現実の社会状況の数理モデルを作り、モデルの分析結果を現実社会の文脈で考えることが大切であるが、これは機械的な数学の計算練習では身につかない。

ゲーム理論のエッセンスを理解するためには、高校の数学Ⅰ、Ⅱまでの知識で十分である。小学校までは数の概念に慣れるために計算の反復練習は必要不可欠であるが、中学校や高校では、年齢に応じて数学の抽象的な思考に慣れ、論理能力を高める方向に数学教育をシフトする必要があると思う。入試のための機械的な計算練習は、文系学生の数学嫌いを増やしてしまう。数学が嫌いで数学の学習をあきらめてしまった高校生や大学生の人は、「数学＝答えを出す」ではなく「数学＝答えまでの論理の筋道を理解する」と発想を切り替えることを勧める。数学の学習では、（試験を除いて）答えを見てもいい。大事なことは、答えに至る論理、計算のステップがわかるということである。人工知能を人間が利用する今後のＩＴ社会では、文系学生に必要なのは、計算力ではなく論理的な思考力と理解力である。

コラム1　若き日のフォン・ノイマン

ジョン、フォン・ノイマン（ハンガリー名はノイマン・ヤノーシュ）は1903年12月28日、ハンガリーのブダペストでユダヤ人の裕福な銀行家の家庭に生まれた（マクレイ1992）。教育熱心な両親に育てられたフォン・ノイマンは幼少時から家庭教師による英才教育を受け、エリート高校（ギムナジウム）に進学した。ギムナジウムの校長はすぐにフォン・ノイマンの数学の特別な才能を見抜き、ブダペスト大学の教授グループに大学レベルの数学を個人授業するように依頼した。フォン・ノイマンと接した数学者は誰でもその才能に驚愕した。高校を卒業するころには、フォン・ノイマンはすでにブダペスト大学の数学者と同等に議論ができ、17歳で最初の数学の論文を執筆する天才であった。

ギムナジウムを卒業後、フォン・ノイマンはブダペスト大学と大学院の数学科に進学したが、講義を受ける必要はもはやなかったので、ドイツのベルリン大学とチューリッヒのスイス連邦工科大学でも学んだ。このように、学生が国を越えて複数の大学で学び、大学も積極的にそれを支援するのは、現在も続いているヨーロッパの大学コミュニティの良き伝統である。

フォン・ノイマンは1926年にスイス連邦工科大学から化学工学の博士学位を受け、ブタペスト大学からは数学の博士学位を受けた。23歳で数学と化学工学の2つの博士号をもったフォン・ノイマンは、その後、数学界の若きスターとして重要な研究成果を次々と発表した。その一つに、量子力学の数学的基礎を確立した研究がある。

コラム2　ウィーンのモルゲンシュテルン

ゲーム理論のもう一人の創始者であるオスカー・モルゲンシュテルンは、1902年にドイツで生まれ、12歳の時に家族とウィーンに移った（Leonard 1995）。1925年にウィーン大学から政治経済学の博士号を得たのち、ウィーン大学で経済学を教え、1931年にウィーンの景気変動研究所の所長に就任した。モルゲンシュテルンは、経済予測、時間や不確実性の問題に関心があった。とくに、経済現象を完全に予見できるかという問題を研究した。議論の題材として、モルゲンシュテルンがとりあげたのが、推理小説家コナン・ドイルの私立探偵シャーロック・ホームズのシリーズの短編「最後の事件」で描かれているホームズと悪の天才モリアッティの闘争である（ドイル 1953）。

同じ知性をもつ二人は、お互いの行動を読み合う。ホームズはモリアッティの行動を推理する。しかし、モリアッティもそれを推理できるから、さらに先を読まなければならない。さらに、モリアッティはそれを推理する。二人は、「彼がこう考えていると私は考えていると彼は考えていると私は考えている……」と考えて最善の行動をとろうとする。モルゲンシュテルンは、二人の間でこのような「推理の推理」という連鎖が際限なく続き、相手の行動を完全に予測することは不可能であると論じた。

　ある研究会で報告したとき、モルゲンシュテルンは、出席者から完全予見の問題はフォン・ノイマンがゲーム理論の論文で扱った問題と同じであることを知らされた。それ以後、フォン・ノイマンの名前はモルゲンシュテルンにとって忘れられないものとなった。

　1938年3月、ヒトラーはオーストリアに侵攻し、ナチス・ドイツはオーストリアを併合した。アメリカに滞在していたモルゲンシュテルンは景気変動研究所の職を解任された。モルゲンシュテルンはアメリカに残ることを決意し、プリンストン大学の講師の職を得た。

第2章　意思決定

要点

- 個人の意思決定問題では、選択可能な選択肢のうちで最も選好する（最も効用の大きな）選択肢を選ぶことが合理的な選択である。
- リスクを含む意思決定問題では、フォン・ノイマン＝モルゲンシュテルン効用の期待値（期待効用）を最大にする行動原理が基本である。
- アレのパラドックスとエルズバーグのパラドックスは、現実の人間の選択が期待効用原理と矛盾する可能性を示す。

意思決定のモデル

一人の個人、ジョン、が登場する。いま、ジョンにとって複数の選択肢が与えられているとする。選択肢の例として、和定食、ラーメン、カレーの3種類の料理がある。ジョンは、昼食に食べたい順序に料理を一列に並べることができる。例えば、和定食＞ラーメン＞カレーとする。不等式A＞Bは、A料理をB料理より食べたいことを意味する。このような順序は料理に対する好みの順序を表すので、選好順序と呼ばれる。ジョンは、一番が和定食、二番がラーメン、三番がカレーと評価している。2つの料理を同程度に好むこともある。

ジョンの合理的な選択とは、「自分の最も好きな料理を食べる」ことである。合理的な選択の最初の公準は、次のようである。

公準2-1　選択可能な選択肢のうちで最も選好する選択肢を選ぶ。

読者は、この公準はほとんど自明だと思うかもしれない。単純でわかりやすい問題から考察を始めて、徐々に複雑な問題に進むことが科学的研究の王道である。ゲーム理論では、単純な意思決定問題から始めて、段階を経て複雑なゲームでの意思決定問題に研究を進めていく。科学の第一歩は、問題をあいまいなく定式化することである。あいまいに述べられた問題から得られた結論は、科学的検証に耐えられない。

合理的選択と効用

最も好きな料理を選ぶことと各料理に対して選好順序の高い順に大きな得点をつけて、最高得点の料理を選ぶことは同等である。例えば、和定食を5点、ラーメンを3点、カレーを1点とすると、合理的な選択は最高得点の和定食を選ぶことである。

このような得点は、料理を食べることによって得られるジョンの心理的な喜びや満足の大きさを表していて、効用と呼ばれる。とくに、この効用の絶対値は意味がなく順序だけが意味があるので、序数的効用という。得点を変えて、和定食を7点、ラーメンを5点、カレーを4点としてもよい。

効用の概念を使えば、合理的選択の公準2-1は、次のように書き換えることができる。

公準2-1′　選択可能な選択肢のうちで最も効用の大きな選択肢を選ぶ。

ジョンの選好順序は、選択肢を好きな順に一列に並べることができるので、次の性質をみたす。3つの選択肢A、B、Cに対して、もしAをBより好きで、BをCより好きならば、AをCより好きである。これを、選好順序の推移性という。

意思決定と確率

日常生活では、確率の要素が入った複雑な意思決定の問題に直面する。保険やギャンブルはそのような例である。保険や宝くじを購入するとき、最終の結果は事前には定まっていなくて、偶然性に左右される。このため、わたしたちは損失を受ける可能性を考慮して、保険を購入するかどうかを決める。宝くじや馬券を購入すれば、運が良ければ大金を手に入れることができる。

偶然性に左右される意思決定問題では、偶然性の事象が起きる確率を考慮しなければならない。ある事象の確率とは、事象が生起する「起こりやすさ」を0から1の間の数字で数値化したものである。

事象の確率の定め方には、大きく分けて3つの考え方がある。いま、ありうる事象がAとBの2通りとする。第一の考え方は、事象Aと事象Bの起こりやすさに特別な違いがないと考えられるとき、それぞれの事象の確率を等しく1/2と定めるものである。第二の考え方は、同じ状況が頻繁に、例えば100回繰り返されて、事象Aが60回起き、事象Bが40回起きるとき、確率を相対頻度としてとらえ、事象Aの確率を0・6とし、事象Bの確率を0・4とするものである。第三の考え方は、「2050年X月Y日に地域Zで地震が起きる」というような1回限りの事象では、意思決定者は、地震に関する科学的知識や個人的な判断にもとづいて「主観的に」事象の確率を定めるというものである。このような確率を主観的確率という。これに対して、二番目の考え方の相対頻度で定まる確率を客観的確率という。

変数Xの値が確率的に定まるとき、変数Xを確率変数という。確率変数Xがn個の値$x_1, \cdots, x_n$のどれかをとり、それぞれの確率を$p_1, \cdots, p_n$とするとき、確率変数Xの期待値とは、$p_1 \times x_1 + \cdots + p_n \times x_n$のことである。

意思決定の結果が偶然性によって決まり、偶然性の確率が客観的である意思決定問題を、リスクの下での意思決定問題という。偶然性の確率が主観的である意思決定問題を、不確実性下での意思決定問題という。

リスクの下での意思決定問題

リスクの下での意思決定問題の研究は、18世紀のスイスの数学者ダニエル・ベルヌーイにさかのぼる。ベルヌーイは、オランダのアムステルダムからロシアのサンクトペテルブルクに船で商品を発送する例を用いて、くじ（ギャンブル）や保険の価値を考察した（Bernoulli 1954）。

ベルヌーイ以前は、くじの価値は賞金の期待値と等しいと考えられていた。例えば、確率1/2で2万ドゥカート金貨（当時、ヨーロッパで流通していた国際通貨）がもらえ、確率1/2で何ももらえないというくじを考えると、くじの賞金の期待値は1万ドゥカート金貨である。

ベルヌーイは、くじの価値は賞金の期待値と同じではなく、例えば、貧者にとっては、このくじよりも確実に9千ドゥカート金貨をもらえる方がよく、富める者にとっては、9千ドゥカート金貨をもらうよりくじの方がよいのでは、と考えた。このとき、貧者がくじを9千ドゥカート金貨で売り、富める者がくじを9千ドゥカート金貨で買うことは二人にとって合理的な選択である。ベルヌーイは、くじの価値を賞金の期待値ではなく、賞金に対する効用の期待値で評価することが適切であると論じた。

さらに、ベルヌーイは、効用関数を具体的に求めるために、資産額の増分dxによる効用の増加dyは資産額xに反比例するとして、$dy=bdx/x$（bは定数）とした。これより、資産額xの効用yを対数関数$y=b\cdot\log(x/a)$で表した（ただし初期資産額aの効用をゼロとする）。

サンクトペテルブルクのパラドックス

ベルヌーイは、効用の概念を用いれば、いとこのニコラス・ベルヌーイが提示した有名なサンクトペテルブルクのパラドックスを解消できることを示した。サンクトペテルブルクのパラドックスとは、次のような問題である。

「ピーターは表が出るまでコインを振り続ける。最初の回で表が出れば、ピーターはポールに2ドゥカート金貨を払う。2回目で表が出れば、4ドゥカート金貨を払う。3回目で表がでれば、8ドゥカート金貨を払う。以後、回数が増えるたびに金額は2倍される。ポールはいくらでこの幸運を買うだろうか？」

ポールがこのくじを金額の期待値で評価するとする。最初の回で表が出る確率は1/2なので1/2×2＝1ドゥカート金貨が期待値に加わる。2回目で表が出る確率は1/4なので1/4×4＝1ドゥカート金貨が期待値に加わる。以後、同じように計算すると、毎回1ドゥカート金貨が期待値に加わる。このように、全体の期待値は1＋1＋…と無限大になる。1億ドゥカート金貨を払ってでもくじを買った方がいいという結論になる。このくじをそんな高い値段で買おうとする人はいないだろう。読者の判断は、どうだろうか？

ベルヌーイの効用理論によると、くじの価値は賞金から得られる効用の期待値となる。賞金 x に対するポールの効用を y=log x とする。このとき、効用の期待値は

$$1/2\times\log 2+1/4\times\log 4+1/8\times\log 8+\cdots=\log 4$$

となる。* これより、ポールにとってくじの価値は4ドゥカート金貨と同じであり、4ドゥカート金貨以下ならば、くじを買ってもよいという結論になる。

＊　1/2×log 2+1/4×log 4+1/8×log 8…=(1/2+2/4+3/8+…)log 2 =2log 2=log 4である。括弧の計算は、X=1/2+2/4+3/8+… とおくと、X=2X−X=(1+1+3/4+…)−(1/2+2/4+3/8+…)=1+1/2+1/4+…である。初項が1で公比が1/2である等比級数の和より、X=1/(1−1/2)=2である。

フォン・ノイマンとモルゲンシュテルンの効用理論

18世紀のヨーロッパから再び20世紀のプリンストンに戻ろう。フォン・ノイマンとモルゲンシュテルンは、ゲームにおけるプレイヤーの合理的選択を公準2-1（または公準2-1′）に従って、効用の最大化と定義した。しかし、この原理にもとづいてゲーム理論を構築するためには、ベルヌーイの効用の概念を数学的に厳密なものにする必要があった。

フォン・ノイマンとモルゲンシュテルンは、リスクの下での意思決定問題を次のような数学モデルで定式化した。

料理や財、金銭的利得などの選択対象の集合が与えられているとする。ベルヌーイの効用理論と同じく、保険や宝くじのような偶然性に左右される選択対象も含まれる。2つの選択対象AとBに対して、確率pでAが得られ、確率$1-p$でBが得られるような偶然性を含む選択対象を「くじ」と呼ぶ。意思決定者は、くじを含む選択対象に対して選好順序をもつ。

ジョンのくじに対する選好を知ることで、序数的効用の場合よりも多くの情報が得られる。例えば、3つの選択対象A、B、Cに対して、ジョンの好みはA∨B∨Cの順とする。さらに、50%－50%の割合でAとCが得られるくじを考え、ジョンはこのくじよりBを好むとする。これは、ジョンは、BをAとCの「中間」よりAに近いと評価していることを意味する。ジョンにとって「AとBの効用の差」は「BとCの効用の差」より小さいと推論できる。序数的効用からは、ジョンの選好についてこのような情報を得ることはできない。くじに対する選好を知ることで、効用の差の大小についての情報が得られる。

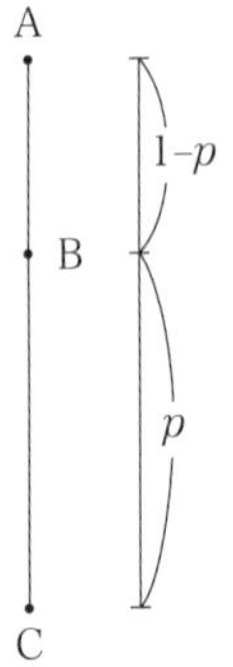

図2-1　フォン・ノイマン＝モルゲンシュテルン効用のアイディア

フォン・ノイマンとモルゲンシュテルンのアイディアは、次のようである。もしジョンが、3つの選択対象A、B、CをA∨B∨Cの順で好むとき、ある確率pに対して

(P)　くじ［確率pでA、確率$1-p$でC］とBを同程度に好む

ならば、図2-1のように、Bの効用レベルは「AとCの効用の差」の線分をp対$1-p$に内分する点と考えることができる。言いかえれば、確率pは「AとCの効用の差」に対する「BとCの効用の差」の比率と等しい。

例えば、もしpが1に近ければ、AとBはあまり差がなく、「AとCの効用の差」と「BとCの効用の差」はほぼ等しいので効用差の比は1に近い。もしpが1/2であれば、「BとCの効用の差」は「AとCの効用の差」の1/2である。「AとCの効用の差」に対する「BとCの効用の差」の比率がpになるように、選択対象A、B、Cのそれぞれに効用の数値をつければよい。また、効用の数値はただ1つではなく、定数を足したり正の定数を掛けたりしても効用差の比はpのままである。

残された問題は、ジョンの選好順序がどのような性質をみたせば、性質(P)が成り立つような確率pが存在するかということである。

期待効用の公理

フォン・ノイマンとモルゲンシュテルンは、合理的な個人の選好順序がみたす公理として、次の3つを提案した。公理の中の確率は、0より大きく1より小さいとする。

公理1　選好順序は、好みの順序に従って選択対象を一列に並べることができる。

公理2　2つの選択対象AとBに対して、もしAをBより好むならば、どんな確率pに対してもAをくじ［確率pでA、確率$1-p$でB］より好み、また、このくじをBより好む。

公理3　3つの選択対象A、B、Cに対する好みがA∨B∨Cの順であれば、Bをくじ［確率pでA、確率$1-p$でC］より好むような確率pの値が存在する。また、くじ［確率qでA、確率$1-q$でC］をBより好むような確率qの値が存在する。

公理1は、序数効用の場合と同じように、選好順序は推移性をみたすことを意味する。公理2の意味は、次のようである。ジョンは、紅茶をコーヒーより好きとする。いま、紅茶かコーヒーのどちらかであるが、中身の不明なカップXがあるとする。公理2より、ジョンは紅茶の入ったカップを中身の不明なカップXより好む。理由は、次のように説明できる。もしカップXの中身が紅茶ならば、ジョンは2つのカップを同程度に好む。もしカップXの中身がコーヒーならば、ジョンは紅茶のカップをカップXより好む。つまり、中身がどちらでも、ジョンは紅茶のカップをカップXより（同程度を含めて）好む。公理2は、カップXでありうる2つの事象（紅茶かコーヒー）のそれぞれに対して、紅茶との好みを独立に調べることによって、紅茶のカップとカップXの間の選好がわかることを意味し、独立性の公理と呼ばれている。

公理3の意味は、次のようである。ジョンの飲み物に対する好みは、紅茶∨コーヒー∨ミルクの順とする。いま、中身が確率pで紅茶であり、確率$1-p$でミルクであるカップ$X(p)$があるとする。このとき、確率pの値が大きいならば、ジョンは、中身はわからないがたぶん紅茶が入っているカップ$X(p)$をコーヒーのカップより好むだろう。同じように、確率pの値が小さいならば、コーヒーのカップをたぶんミルクが入っているカップ$X(p)$より好むだろう。公理3は、確率pの値が0から1まで連続的に変化すれば、カップ$X(p)$に対する好みもミルクから紅茶まで連続的に変化することを意味し、連続性の公理と呼ばれている。

3つの公理は、いずれもリスクの下での合理的選択がみたすべき性質として自然で説得力がある。フォン・ノイマンとモルゲンシュテルンは、次の定理を証明した。

期待効用の定理

意思決定主体の選好順序が公理1-3をみたすならば、各選択対象に効用の値がつけられ、くじに対する選好順序はくじに含まれる選択対象の効用の期待値の大小と一致する。

定理の証明は、『ゲーム理論と経済行動』の初版の原稿を執筆中にすでにできていたが、初版には記載されず、1947年に出版された第2版の付録として発表された。

定理の内容を確認しよう。飲み物の例で、ジョンの好みは、紅茶∨コーヒー∨ミルクの順とする。ジョンの選好順序が公理1-3をみたし、ジョンは、確率2/3で紅茶、確率1/3でミルクが入っているリスクのあるカップをコーヒーのカップより好むとする。このとき、紅茶の効用を10、コーヒーの効用を3、ミルクの効用を1と付けることができ、ジョンは効用の期待値の大きなカップを選ぶ。実際、リスクのあるカップの効用の期待値は2/3×10+1/3×1=7であり、コーヒーのカップの効用3より大きい。

効用の期待値は、期待効用と呼ばれる。フォン・ノイマンとモルゲンシュテルンの定理により、合理的選択の第2の公準が得られる。

公準2-2　偶然性を含む選択対象に対しては、期待効用が最大な選択対象を選択する。

この公準は、期待効用仮説または期待効用最大化原理と呼ばれている（コラム3）。

フォン・ノイマン＝モルゲンシュテルン効用

フォン・ノイマンとモルゲンシュテルンの効用理論は、効用の重要な性質を明らかにした。料理の例でみたように、序数的効用の場合は効用の絶対値は意味がなく、大小関係が保存されるならば、どのように効用の値を定めてもよかった。このことは、リスクの下での意思決定問題では成り立たない。

飲み物の例で、紅茶の効用10、コーヒーの効用3、ミルクの効用1の値を変えて、紅茶の効用を10、コーヒーの効用を9、ミルクの効用を4とする。大小関係は変わらないが、新しい効用の値では、確率

2/3で紅茶、確率1/3でミルクが入っているリスクのあるカップの期待効用は2/3×10+1/3×4=8となる。コーヒーの効用は9なので、ジョンはコーヒーのカップをリスクのあるカップより好む。最初の効用の値では逆の選好になるので、上の2つの効用の付け方は同等なものとみなせない。

フォン・ノイマンとモルゲンシュテルンは、偶然性を含む選択対象に対する効用の付け方で同等とみなせるのは、定数を足したり正の定数を掛けたりする変換（正1次変換という）だけであることを証明した。例えば、紅茶の効用10、コーヒーの効用3、ミルクの効用1の値を2倍にした紅茶の効用20、コーヒーの効用6、ミルクの効用2や、5を加えた紅茶の効用15、コーヒーの効用8、ミルクの効用6は、最初の効用と同等とみなせる。同等な効用は同じ選好順序を表す。

日常生活でも、測定値に定数を掛けたり足したりした数値を実質的に同じ測定値とみなすことはよくある。例えば、1mと100cmの長さは同じであり、1kgと1000gの重さは同じである。セ氏（℃）で測った気温と華氏（°F）で測った気温は、C＝5×(F－32)÷9の関係があるが、同じ温度を表す。

リスクの下での意思決定問題で、フォン・ノイマンとモルゲンシュテルンが公理論的に基礎づけた効用の概念は、フォン・ノイマン＝モルゲンシュテルン効用と呼ばれている。フォン・ノイマン＝モルゲンシュテルン効用は、重さや長さのように（定数を足したり掛けたりすることを除いて）数値に意味があるので、序数的効用に対比して基数的効用とも呼ばれる。

不確実性下の意思決定問題

リスクの下での意思決定問題では、偶然性の確率は客観的に定められているが、不確実性下の意思決定問題では、偶然性の確率は意思決定者によって主観的に定められる。例えば、競馬の馬券を買う問題や株に投資する問題は、不確実性下の意思決定問題の典型的な例である。

不確実性下の意思決定問題では、効用と確率がともに意思決定者の主観的な判断に依存し、期待効用は客観的な確率ではなく主観的な確率によって計算される。統計学者のレオナルド・サベージは、フォン・ノイマンとモルゲンシュテルンの効用理論を不確実性下の意思決定問題に拡張し、効用と主観的確率が定まるような選好順序の公理を提案した（Savage 1954）。サベージの主観的確率による期待効用理論は、ベイジアン意思決定理論と呼ばれている。「ベイジアン（ベイズ流）」の用語は、18世紀のイギリスの聖職者で数学者であるトーマス・ベイズの名前から来ている。世界の未知な状態に直面する意思決定者は、不確実な事象の生起を主観的確率によって推定するという考えを意味する。

リスクに対する態度

わたしたちは、日常生活でさまざまなリスクや不確実性に直面する。事故や病気になるリスクがあり、宝くじや馬券を買って大金を手に入れる幸運の可能性もある。ベンチャー企業を起こして新しいビジネスを始めようとする起業家は、ビジネスが成功するかどうか不確実である。

期待効用理論によって、意思決定者がリスクをどのように評価するか、リスクに対する態度のタイプを分類できる。次の質問を考える。

質問　どちらを選びますか？

Ａ：確実に1万円もらえる

Ｂ：確率1/2で2万円もらえるが、確率1/2で何ももらえない

ＡをＢより好む、ＡとＢを同程度に好む、ＢをＡより好む、の３つの回答に応じて、意思決定者は、リスク回避的、リスク中立的、リスク愛好的と呼ばれる。

リスク回避的な人は、くじＢのリスクを回避して確実に1万円もらえるＡを好む。逆に、リスク愛好的な人は、リスクのあるくじＢを好む。リスク中立的な人は、リスクがあるかないかに関係なく、期待金額が等しければ２つの選択対象を同等とみなす。

アレのパラドックス

フォン・ノイマン＝モルゲンシュテルンとサベージの期待効用理論が完成してまもなく、期待効用理論が実際の人間の選択を適切に説明できるかどうか、多くの研究者の関心を集めた。経済学者のモーリス・アレは、期待効用理論をテストするために、次のような質問を考えた（Allais 1953)。

質問1　どちらを選びますか？

Ａ：確実に１００万円もらえる。

B：確率０・１で５００万円、確率０・89で１００万円もらえ、確率０・01で何ももらえない。

質問2　どちらを選びますか？

C：確率０・11で１００万円もらえ、確率０・89で何ももらえない。

D：確率０・１で５００万円もらえ、確率０・９で何ももらえない。

アレによると、２つの質問でよくみられる選択のパターンはAとDである。読者の選択は、どうだろうか？

実は、AとDの選択は期待効用理論と矛盾する。これは、次のようにしてわかる。意思決定者の金額xに対する効用を$u(x)$とする。期待効用理論によれば、もし質問1でAを選ぶならば、

$$u(100) > 0.1 \times u(500) + 0.89 \times u(100) + 0.01 \times u(0)$$

が成り立つ。両辺に$0.89\,u(0) - 0.89\,u(100)$を加えると、

$$0.11 \times u(100) + 0.89 \times u(0) > 0.1 \times u(500) + 0.9 \times u(0)$$

であるので、質問2ではCを選ぶはずである。

その後の多くの実験でも半数近い人の選択が期待効用理論と矛盾することが報告されている(Camerer 1995)。筆者が大学の授業で実施したアンケートでも、48人中28人が期待効用理論と矛盾する選択をした。そのうちの23人がAとDを選んだ。

期待効用理論と矛盾する選択をする人は、期待効用の公理から逸脱しているはずである。どの公理からだろうか？

いま、1から100までの数字を無作為に選び、選んだ数字に応じて賞金がもらえるとする。上の4つのくじは、**表2-1**のように書き換えることができる。例えば、**表2-1**のくじBで500万円が当たる確率は、2から11の数字が出る確率であるから0・1である。

	1	2–11	12–100
くじA	100	100	100
くじB	0	500	100
くじC	100	100	0
くじD	0	500	0

表2-1　アレのパラドックス

表2-1を見ると、AとBの間の選択とCとDの間の選択は、数字が1から11まではは同じであることがわかる。また、数字が12から100のときは、AとBは同じ結果（100万円もらえる）であり、CとDも同じ結果（何ももらえない）である。

フォン・ノイマンとモルゲンシュテルンの公理2（独立性の公理）によると、異なる事象ごとに個別に独立して選好を調べれば、くじの選好が定まるので、もし質問1でAを選択するならば、質問2でCを選択するはずである。独立性の公理2は、実質的に次の公理と同じである。選択対象Aを選択対象Bより好むならば、どのような確率pと選択対象Cに対してもくじ［確率pでA、確率1－pでC］をくじ［確率pでB、確率1－pでC］より好む。2つの質問でAとDを選んだ人の選択は、公理2に反している。

エルズバーグのパラドックス

アレのパラドックスは、客観的確率による期待効用理論をテストするための質問であるが、経済学者のダニエル・エルズバーグは、主観的確率による期待効用理論をテストするために、次のような質問を作った（Ellsberg 1961）。

質問1　赤玉、黒玉、黄玉の3種類の玉が合計90個入ったつぼがある。赤玉の個数は30個であるが、黒玉と黄玉の個数は未知である。つぼから無作為に玉を1つとるとき、どちらを選びますか？

A：赤玉をとれば1万円もらえるが、他の玉をとれば何ももらえない
B：黒玉をとれば1万円もらえるが、他の玉をとれば何ももらえない

質問2　質問1と同様に、つぼから無作為に玉を1つとるとき、どちらを選びますか？

C：赤玉または黄玉をとれば1万円もらえるが、黒玉をとれば何ももらえない
D：黒玉または黄玉をとれば1万円もらえるが、赤玉をとれば何ももらえない

エルズバーグによれば、よくみられる回答は、質問1でAを選び、質問2ではDを選ぶものである。AとDの選択は、期待効用理論と矛盾する。質問1でAを選ぶ人は、つぼから無作為に玉をとりだすとき、玉の色は赤である方が黒より可能性が高いと判断している。言いかえれば、赤色の玉の個数は30であるから、黒色の玉の個数は30以下と見積もっている。

他方、質問2でDを選ぶ人は、つぼから無作為に玉をとりだすとき、黒玉または黄玉である方が赤玉または黄玉であるより可能性が高いと判断している。両方の事象に黄玉は共通であるから、確率の性質

より、このことは、とりだした玉の色は黒である方が赤より可能性が高いと判断していることになる。質問1でAを選択する人は逆の判断をしているから、期待効用理論に従うと、AとDを同時に選択することはありえない。

なぜ多くの人はAとDを選択するのだろうか？　一つの考えは、次のようである。質問1では、Aを選択すると、確率1/3（赤玉をとる）で1万円もらえる。Bを選択すると、黒玉の割合を知らないので、期待金額はAより大きいかもしれないが、小さいかもしれない。質問文から、Aのリスクの大きさをわかるが、Bのリスクの大きさをわからないので、Bの期待金額は「曖昧」である。人は、安全のために不確実性を避けて、質問1ではAを選択する。

同じことが質問2でもいえる。Dを選択すると、確率2/3（黒玉か黄玉をとる）で1万円もらえる。Cを選択すると、1万円もらえる確率は1/3（黄玉の個数が0個）以上1（黄玉の個数が60個）以下である。Dのリスクの大きさはわかるが、Cのリスクの大きさは曖昧である。人は不確実性を避けて、質問2ではDを選択する。AとDを選択する人は、「不確実性回避的」といわれる。

期待効用理論の役割

アレやエルズバーグが提示したパラドックスは、リスクや不確実性に関する人間の判断は間違いやすく、期待効用理論と矛盾する選択をしがちであることを示している。心理学では、わたしたちの認知システムは、不確実性や確率の概念を理解することが不得手であり、さまざまな認知バイアスをもつことが報告されている。

期待効用理論は、リスクや不確実性に直面するときにどのように選択するのが合理的であるかを教えてくれる。合理的な選択を行うには学習が必要であり、期待効用理論は、合理的で賢明な選択をするためのアドバイスをしてくれる。

一方、現実社会の「ありのまま」の個人の意思決定を分析するためには、実際の人間の認知と意思決定を説明する理論が必要である。そのような理論を構築するためにも期待効用理論は座標軸として重要である。現実の人間の認知と意思決定のメカニズムは複雑であり、期待効用理論は研究の基礎であり出発点である。

コラム3　合理的選択のas-if仮説

フォン・ノイマンとモルゲンシュテルンが証明した期待効用最大化原理（公準2-2）の意味について誤解しやすい点があるので注意しよう。期待効用最大化原理は、合理的な意思決定主体は期待効用が最大な選択肢を選択するという内容であるが、これを文字通り、意思決定主体は自分自身の効用関数を知っていて、期待効用の値を実際に計算して意思決定すると解釈する必要はない（もちろんそのような状況も想定できるが）。

期待効用最大化原理の意味は、もし意思決定主体の選択が選好順序の3つの公理と矛盾しないならば、意思決定主体は「あたかも（as-if）」期待効用を最大にするように選択肢を選ぶと考えてもよいということである。これにより、意思決定主体が実際に期待効用最大化原理に従って選択するかどうかにかかわらず、わたしたちは、意思決定主体の選択を期待効用理論を用いて分析できる。合理的選択のこのような解釈を、as-if仮説という。経済学やゲーム理論では、このような解釈にもとづいて期待効用最大化を合理的選択の基本原理として採用している。

第3章　対立、協調、交渉

要点

●対立、協調、交渉の多様な社会状況は、完全対立ゲーム、完全一致ゲーム、誘因混合ゲームを用いて分析できる。
●ナッシュ均衡とは、それぞれのプレイヤーの戦略が相手プレイヤーの戦略に対して最適である戦略の組み合わせである。
●ナッシュの交渉理論は、合理的なプレイヤーが合意できる交渉解を提示する。

ゲームにおける相互依存状況

不確実性下の個人の意思決定問題は、自然という不確実性が相手であるゲームであり、選択の結果は、偶然性に左右される。これに対して、社会のゲームでは、不確実性だけでなく他のプレイヤーが相手である。相手のプレイヤーは、家族、友人や恋人、職場の上司や同僚、仕事上のパートナーや競争相手、国際政治の同盟国や敵対国などさまざまである。他のプレイヤーもわたしたちと同じように、合理的な思考にもとづいて行動を決定する。

ゲームに参加するすべてのプレイヤーの行動によってゲームの1つの結果が定まる。プレイヤーが目標を達成できるかどうかは、プレイヤー自身の行動だけでなく、他のすべてのプレイヤーの行動にも左右される。相手の行動によって自分の行動が変わり、また自分の行動によって相手の行動が変わる。このようなプレイヤーの関係を、相互依存関係という。

スポーツの例を考えれば、わかりやすい。サッカーのペナルティキックでは、キッカーがゴールの右側にボールを蹴ろうとすればゴールキーパーはボールを止めようと右側に体を投げ出す。これを予想して、キッカーは右側でなく左側にボールを蹴ろうとする。キッカーとキーパーの行動は互いに影響を及ぼし合う。

ゲームの数学モデル

ゲームの数学モデルは、ゲームに参加するプレイヤーの集合、プレイヤーがとりうる行動の集合、ゲームの実現可能な結果の集合、プレイヤーの行動の組み合わせとゲームの結果の対応関係、ゲームの結果に関するプレイヤーの選好順序の5個の要素から構成される。プレイヤーの選好順序は、フォン・ノイマン＝モルゲンシュテルンの公理をみたし、プレイヤーは期待効用を最大にする。

サッカーのペナルティキックの例では、プレイヤーはキーパーとキッカーである。キッカーはゴールをめがけてボールを蹴る方向や高さなどさまざまな行動を選択できる。簡単のために、キッカーの行動はボールを右側に蹴るか、左側に蹴るかの2通りであるとする。キーパーの行動も右側に移動するか、左側に移動するかの2通りとする。ゲームの結果は、ペナルティキックの成功と失敗である。2人が同じ方向を選べばキックは失敗し、違う方向を選べば成功する。キーパーの選好順序は、失敗∨成功であり、キッカーの選好順序は、成功∨失敗である。

2人のプレイヤーは相手の行動を知らずに行動を選択し、ゲームの結果が定まる。定まった結果に対してプレイヤーは効用を得る。ゲームの用語では、一連のゲームの進行をプレイという。プレイヤーの効用は利得（ペイオフ）とも呼ばれる。慣用に従って、本書では効用と利得の用語を区別なく用いる。利得は経済的利得だけでなく、心理的あるいは政治的な利得も含む。

プレイヤーの戦略とは、ゲームのあらゆる局面で行動を指定する行動計画（アクション・プラン）である。一般に、行動と戦略は異なる概念である。例えば、囲碁や将棋で1つの局面での行動は、駒の動かし方や石の置き方であるが、戦略は、あらゆる局面での駒の動かし方や石の置き方である。囲碁や将棋での戦略の数は天文学的な数となる。この章で登場するゲームの例では、プレイヤーは1回しか行動を選択しないので、行動と戦略は同一であると考えてよい。

完全対立ゲームと完全一致ゲーム

ペナルティキックでは、キーパーとキッカーの目標は完全に対立する。このようなゲームを、完全対立ゲームという。完全対立ゲームでは、一方のプレイヤーが結果Aを結果Bより好むならば、他方のプレイヤーは結果Bを結果Aより好む。勝ち負けを争うスポーツや室内ゲームの多くは、完全対立ゲームである。

2人のプレイヤーの利得の和がゼロであるゲームを、ゼロ和2人ゲームという。一方のプレイヤーの利得が増加するならば、他方のプレイヤーの利得は必ず減少するので、ゼロ和2人ゲームは完全対立ゲームである。

また、完全対立ゲームとは異なり、プレイヤーの目標が完全に一致するゲームを完全一致ゲームという。例えば、2人の友人が待ち合わせをする。待ち合わせ場所の候補はAとBであるが、当日までに連絡ができず、2人は相談せずに場所を選択しなければならない。ゲームの結果は、「場所Aで会える」、「場所Bで会える」と「すれ違いで会えない」の3つである。2人にとって会えることが大事で、どの場所で会うかは重要でないならば、2人の選好順序は同じであり、完全一致ゲームである。

誘因混合ゲーム

一般に、多くの社会状況では、プレイヤーの目的は同じである面もあるが、違う面もある。協力と対立の2つの誘因が混在するので、このようなゲームを誘因混合ゲームという。誘因混合ゲームではプレイヤーの利得の和はゼロでないので、誘因混合ゲームは非ゼロ和ゲームとも呼ばれる。

誘因混合ゲームの例は、数多い。例えば、価格を交渉する売り手と買い手は、2人とも取引をする方がしないより望ましい。しかし、価格について2人の利害が対立するので、価格交渉は誘因混合ゲームである。待ち合わせゲームの例で、交通の便から、一方は場所Aで会うことを望み、他方は場所Bで会うことを望むならば、ゲームは誘因混合ゲームである。3人でケーキを分配する問題や政党の派閥による大臣ポストの争奪合戦や省庁間の予算獲得競争など、分配に関するゲームは誘因混合ゲームである。

国際社会の多くのゲームも誘因混合ゲームである。2国間の自由貿易交渉では、双方とも自由貿易を実現することで利害が一致する。しかし、どの品目にどれだけ関税を設定するかでは利害が対立することが多く、自由貿易交渉は誘因混合ゲームである。２国間の戦争は、ゲームの結果が現状維持、戦争に勝つ、戦争に負ける、の３つしかないならば、完全対立ゲームであるが、和解が可能ならば、誘因混合ゲームである。

優位戦略と劣位戦略

表3-1のような完全対立２人ゲームを考える。行はプレイヤー1の戦略を表し、列はプレイヤー2の戦略を表す。表の数字は、プレイヤー1の利得またはプレイヤー2の損失を表す。プレイヤー2の利得は、プレイヤー1の利得にマイナスをつけたものとしてもよい。プレイヤー1は表の数字を大きくし、プレイヤー2は表の数字を小さくする。

1＼2	a	b
a	50	70
b	30	50

表3-1　完全対立ゲーム

プレイヤーの合理的な戦略を求めてみよう。最初に、プレイヤー1について考える。もし相手が戦略aをとるならば、プレイヤー1が戦略aをとれば利得は50であり、戦略bをとれば利得は30である。したがって、プレイヤー1の最適な戦略はaである。また、もし相手が戦略bをとるならば、プレイヤー1が戦略aをとれば利得は70であり、戦略bをとれば利得は50である。したがって、プレイヤー1の最適な戦略はaである。相手の戦略にかかわらず、プレイヤー1の最適な戦略はaである。同じことがプレイヤー2についてもいえ、相手の戦略にかかわらず、プレイヤー2の最適な戦略はaである。

表3-1のゲームのように、プレイヤーの2つの戦略aと戦略bに対して、他のプ

レイヤー1の戦略が何であっても戦略aによる利得が戦略bによる利得より大きいとき、戦略aは戦略bより優位であり、戦略bは戦略aより劣位であるという。他のすべての戦略より優位である戦略を、優位戦略という。ある戦略より劣位な戦略を、劣位戦略という。

戦略aが戦略bより劣位であるとき、劣位戦略aを選択することは、プレイヤー1にとって合理的ではない。なぜならば、他のプレイヤーの戦略が何であっても、劣位戦略aより戦略bをとった方が大きな利得が得られるからである。この理由から、ゲームにおける合理的選択の最初の公準が得られる。

公準3-1　劣位戦略を選択しない。もし優位戦略があれば、優位戦略を選択する。

マックスミニ戦略とミニマックス戦略

優位戦略が存在するゲームは必ずしも多くない。一般のゲームでは、プレイヤー1の合理的な戦略とは、どのような戦略だろうか？

フォン・ノイマンは、完全対立ゲームの数学理論を提唱した。**表3-2**のゼロ和2人ゲームの例を用いて、フォン・ノイマンの考えを説明しよう。表の数字は、プレイヤー1の利得、プレイヤー2の損失を表す。2人の戦略の間に優劣関係はない。

プレイヤー1が戦略aを選択するとき、プレイヤー2の戦略に応じて利得は第1行の2、4、8のいずれかである。3つの利得2、4、8の最小値2は、プレイヤー1が戦略aをとれば最悪でも保証できる利得であり、プレイヤー1にとって戦略aの保証水準という。同様に、戦略bの保証水準は5であり、戦略cの保証水準は2である。表3-2では、第4列にプレイヤー1のそれぞれの戦略の保証水準が示されている。

プレイヤー1は3つの戦略の保証水準を比較して、最も大きな保証水準をもつ戦略bを選択する。戦略bを、プレイヤー1のマックスミニ戦略という。マックスミニ戦略の名前は、最初に戦略の保証水準(ミニマム値)を求め、次に保証水準の最大値(マックス値)を求めることから来ている。また、マックスミニ戦略bの保証水準5をマックスミニ値という。第4列でマックスミニ値を星印で示している。

1＼2	a	b	c	min
a	2	4	8	2
b	6	⑤	6	5*
c	8	4	2	2
max	8	5*	8	

表3-2　マックスミニ戦略とミニマックス戦略

マックスミニ戦略bをとれば、プレイヤー1は悪くてもマックスミニ値5の利得が得られる。

プレイヤー2についても同じ考え方を適用できる。プレイヤー2が戦略aを選択するとき、プレイヤー1の戦略に応じて損失は第1列の2、6、8である。最大値8は、戦略aをとるときの最悪の損失であり、8以上の損失はない。損失8を、プレイヤー2にとって戦略aの(損失についての)保証水準という。**表3-2**の第4行は、プレイヤー2のそれぞれの戦略の保証水準を示す。プレイヤー2は3つの戦略の保証水準を比較して、最も小さな保証水準をもつ戦略bを選択する。戦略bを、プレイヤー2のミニマックス戦略という。また、戦略bの保証水準5をミニマックス値という。第4行でミニマックス値を星印で示している。ミニマックス戦略bをとれば、プレイヤー2は悪くても損失をミニマックス値5にできる。マックスミニ値とミニマックス値は等しく、ともに

5である。

ゼロ和2人ゲームのマックスミニ値は、プレイヤー1の立場からみたゲームの評価である。逆に、ミニマックス値は、プレイヤー2の立場からみたゲームの評価である。表3-2のゲームでは、マックスミニ値とミニマックス値は等しいので、2人のプレイヤーのゲームの評価は同じである。自分の立場からみても相手の立場からみてもゲームの結果は同じであるので、プレイヤーはマックスミニ戦略とミニマックス戦略が合理的な戦略であると結論できる。表3-2の○印は、マックスミニ戦略とミニマックス戦略がプレイされるときのプレイヤー1の利得5を示している。

フォン・ノイマンとモルゲンシュテルンは、ゼロ和2人ゲームにおける合理的な選択の公準として、次を提唱した。

公準3-2　ゼロ和2人ゲームでマックスミニ値とミニマックス値が等しいならば、マックスミニ戦略あるいはミニマックス戦略を選択する。

ゼロ和2人ゲームの鞍点

表3-2のゲームで、戦略の組（b, b）では、利得5がプレイヤー2のミニマックス値であるから、5は第2列の3つの利得の最大値である。プレイヤー2がミニマックス戦略bをとるとき、プレイヤー1のマックスミニ戦略bはプレイヤー1の利得を最大にする。

同じことがプレイヤー2についてもいえる。利得5がプレイヤー1のマックスミニ値であるから、5

は第2行の3つの利得の最小値である。プレイヤー1がマックスミニ戦略bをとるとき、プレイヤー2のミニマックス戦略bはプレイヤー2の損失を最小にする。

戦略の組み合わせ(b, b)では、相手の戦略に対して、プレイヤー1は利得を最大にし、プレイヤー2は損失を最小にする。このような戦略の組み合わせを、ゼロ和2人ゲームの鞍点という。鞍点の名前は、乗馬の鞍(くら)のように、(b, b)では1つの方向(プレイヤー1の視点)では山頂のようであり、他の方向(プレイヤー2の視点)では谷底のような点であることから来ている。

公準3-2のように、ゼロ和2人ゲームでマックスミニ値とミニマックス値が等しいとき、マックスミニ戦略とミニマックス戦略の組み合わせは鞍点となる。

確率的戦略

表3-3のようなサッカーのペナルティキックのゲームを考えてみよう。キーパーとキッカーは、ともに左と右の戦略をもつ。2人が同じ戦略をとると、キックは失敗しキーパーは利得プラス1を得る。違う戦略をとると、キックは成功しキーパーは利得マイナス1(または損失1)を得る。表の数字は、キーパーの利得とキッカーの損失を表す。

キーパーのマックスミニ値はマイナス1であり、キッカーのミニマックス値はプラス1である。マックスミニ値とミニマックス値が異なるので、公準3-2を適用できない。

キーパーは、キッカーの戦略を読んで同じ戦略をとろうとする、キッカーはキーパーと違う戦略をとろうとする。2人の戦略の読み合いは堂々巡りをし、合理的な戦略を決定できない。ペナルティキック

キッカー＼キーパー	左	右
左	1	−1
右	−1	1

表3-3　ペナルティキック

では、2人とも自分の戦略を相手に隠したい。

仮に合理的な戦略の「完全な」理論が存在して、キーパーとキッカーは理論から相手の戦略がわかるとしよう。このとき、どちらかは損失を被るので、理論とは違う戦略をとるだろう。これでは、「完全な」理論とは言えない。

この難問は、確率の要素を戦略に入れるという巧妙な手段で解決することができる。これは、1つの戦略だけをとるのではなく、2つの戦略を確率的にとる方法である。具体的には、確率pで左をとり、確率$1-p$で右をとる。確率の値pを決めることが戦略となる。このような戦略を、確率的戦略という。確率を用いて複数の戦略を「混合する」ので、（確率）混合戦略ともいう。

ミニマックス定理

確率的戦略は、確率の値が相手に知られても実際の戦略は偶然性によって決まるので相手に知られないという利点をもつ。確率的戦略を用いるとき、期待効用最大化原理（公準2-2）にもとづき、マックスミニ値とミニマックス値は期待効用で計算される。

実際に、ペナルティキックのゲームで確率的戦略によるマックスミニ値とミニマックス値を計算してみよう。

キーパーが確率的戦略を用い、確率pで左をとり確率$1-p$で右をとるとする。キーパーの期待利得は、キッカーが左をとるならば$1\times p-1\times(1-p)$で$2p-1$であり、右をとるならば$(-1)\times p+1\times$

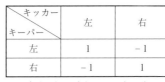

$(1-p)$ で $1-2p$ である。これより、キーパーの保証水準は $2p-1$ と $1-2p$ の最小値である。p が $1/2$ より小さいならば、最小値は $2p-1$ で0より小さい。p が $1/2$ であれば、$2p-1$ と $1-2p$ はともに0である。p が $1/2$ より大きいならば、最小値は $1-2p$ で0より小さい。

したがって、保証水準を最大にするキーパーのマックスミニ戦略は、左と右をそれぞれ確率 $1/2$ でとる確率的戦略であり、マックスミニ値は0である。キーパーがマックスミニ戦略をとるとき、キッカーが左をとっても右をとってもキッカーの期待利得は等しい。

同じように、キッカーの確率的戦略によるミニマックス戦略を計算できる。キッカーが確率 q で左をとり確率 $1-q$ で右をとるとする。キッカーの期待損失は、キーパーが左をとるならば $2q-1$ であり、右をとるならば $1-2q$ である。これより、キーパーの確率的戦略の保証水準は $2q-1$ と $1-2q$ の最大値である。q が $1/2$ より小さいならば、最大値は $1-2q$ で0より大きい。q が $1/2$ であれば、$2q-1$ と $1-2q$ はともに0である。q が $1/2$ より大きいならば、最大値は $2q-1$ で0より大きい。

したがって、保証水準を最小にするキッカーのミニマックス戦略は、左と右をそれぞれ確率 $1/2$ でとる確率的戦略であり、ミニマックス値は0である。キッカーがマックスミニ戦略をとるとき、キーパーが左をとっても右をとってもキーパーの期待利得は等しい。

キーパーとキッカーが確率的戦略を用いるとき、マックスミニ値とミニマックス値は等しく0である。したがって、公準3-2が適用でき、2人の合理的な戦略は、「左と右を確率 $1/2$ で選択する」ことである。

合理的なプレイヤーは、ゲームを分析し相手の確率的戦略を発見できるが、相手が実際にどの戦略をとるかはわからない。ペナルティキックのゲームは、このように完全に解かれた。後は、運命を天（偶然）にまかせるだけである。

フォン・ノイマンは、1928年に発表したゲーム理論の最初の論文（第1章）で、戦略の数が有限なすべてのゼロ和2人ゲームでは確率的戦略によるマックスミニ値とミニマックス値は等しいことを証明した。これが有名なミニマックス定理である。マックスミニ値とミニマックス値が等しければ、マックスミニ戦略とミニマックス戦略の組み合わせは鞍点であるので、マックスミニ戦略とミニマックス戦略の選択は、相手の戦略を所与とするとき、プレイヤーの期待効用を最大にする。マックスミニ値とミニマックス値を、ゲームの値という。ミニマックス定理により、ゼロ和2人ゲームの理論が完成した。ゼロ和2人ゲームにおける合理的な選択の公準3-2は、次のように強化される。

公準3-3　ゼロ和2人ゲームでは、確率的戦略によるマックスミニ戦略あるいはミニマックス戦略を選択する。

ペナルティキックのゲームでみたように、相手がマックスミニ戦略（またはミニマックス戦略）をとるとき、確率的にとる複数の戦略の期待利得は等しい。これより、ゲームにおける合理的選択の第4の公準が得られる（コラム4）。

公準3-4　確率的戦略でとるすべての戦略の期待利得は等しい。

純粋協調問題

ゼロ和2人ゲームのような完全対立ゲームとは違って、完全一致ゲームでは2人のプレイヤーの間で利害の対立がなく、いかに相手と行動を調整できるかが問題となる。

待ち合わせゲームを再び考えよう。待ち合わせ場所の候補はAとBであるが、当日までに連絡ができず、2人はそれぞれどちらかに行かなければならない。ゲームは、**表3-4**のように表される。2人は、場所Aと場所Bの2つの戦略をもつ。表の4つのマスの中の2つの数字は、左の数字がプレイヤー1の利得、右の数字がプレイヤー2の利得を表す。2人が同じ戦略をとれば、2人は会えるのでともに利得2が得られるが、違う戦略をとればすれ違いになり、利得は0である。

1 ＼ 2	場所A	場所B
場所A	2, 2	0, 0
場所B	0, 0	2, 2

表3-4　待ち合わせゲーム

表3-4の待ち合わせゲームでは、ゲームの結果に関する2人のプレイヤーの選好順序は完全に一致し利害の対立はない。いかに相手と協調して行動を調整するかが重要なので、待ち合わせゲームは純粋協調問題と呼ばれる。

最適応答原理

ゼロ和2人ゲームのマックスミニ戦略とミニマックス戦略は、プレイヤーが「相手プレイヤーは自分にとって最悪の戦略をとる」と予想することを前提にするが、非ゼロ和ゲームではこの前提は成り立たない。これより、非ゼロ和2人ゲームではマックスミニ戦略とミニマックス戦略は合理的な戦略ではない。

非ゼロ和ゲームでは、ゼロ和2人ゲームにおける公準3-2（マックスミニ戦略とミニマックス戦略）は、次の公準におきかわる。

公準3-5　プレイヤーは相手プレイヤーの戦略を予想して最適な戦略をとる。

この公準は、プレイヤーは相手の戦略を予想して自分の期待利得が最も大きくなる戦略をとることを意味する。相手の戦略に対するプレイヤーの最適な戦略を、相手の戦略に対する最適応答という。公準3-5は最適応答原理と呼ばれる。最適応答原理は、第2章の個人の意思決定問題における期待効用最大化原理をゲーム状況に一般化したものである。

ナッシュ均衡

ゲームの最適応答原理と個人の意思決定問題での期待効用最大化原理との重要な違いは、最適応答原理は1人のプレイヤーだけではなく、ゲームに参加するすべてのプレイヤーに適用される行動原理である点である。

2人ゲームについて考えれば、プレイヤー1の戦略 s とプレイヤー2の戦略 t の組み合わせ (s, t) において最適応答原理が成立するとは、

(1)　プレイヤー1の戦略 s はプレイヤー2の戦略 t に対する最適応答である、

(2) プレイヤー2の戦略tはプレイヤー1の戦略sに対する最適応答である

の2つの条件が同時にみたされることである。このとき、プレイヤーの戦略の組み合わせ(s, t)をゲームの均衡（もしくは均衡点）という。

「均衡」という用語は、戦略の組(s, t)では、他のプレイヤーが戦略を変更しない限り、どのプレイヤーも戦略を変更しようとせず、ゲームのプレイは(s, t)から変化しない、すなわち、ゲームのプレイが(s, t)で均衡することから来ている。

ゲームでは、プレイヤーは互いの戦略を読み合う。均衡点(s, t)では、プレイヤー1はプレイヤー2の戦略tを予想して最善な戦略sをとる。それを読んだプレイヤー2は戦略sに対する最善な戦略tをとる。戦略tはプレイヤー1が予想した戦略であるから、プレイヤーの戦略の読み合いがそれ以上に続くことはない。均衡点は、プレイヤーによる戦略の読み合いの「落ち着く先」を表す。

ゼロ和2人ゲームでは、プレイヤー1のマックスミニ戦略とプレイヤー2のミニマックス戦略の組み合わせはゲームの鞍点であり、マックスミニ戦略とミニマックス戦略の組み合わせは、プレイヤーの利害が完全に対立するゼロ和2人ゲームの均衡である。ゲームの均衡は、ゼロ和2人ゲームのマックスミニ戦略とミニマックス戦略の概念を非ゼロ和2人ゲームに一般化したものである。

ふたたび舞台をプリンストン大学に戻そう。フォン・ノイマンとモルゲンシュテルンが『ゲーム理論と経済行動』を出版した後、ゲーム理論の研究は若い数学者や大学院生を中心に精力的に行われた(Shubik 1992)。数学科の大学院生であったジョン・ナッシュは、『非協力ゲーム』という題目の博士論文を執筆し、ゲームの均衡点の概念を提示した。ナッシュが提示した均衡点は、その後、ゲーム理論の最も重要な解の概念となり、ナッシュ均衡と呼ばれるようになった。

ナッシュはカーネギー工科大学（現在のカーネギーメロン大学）を20歳で卒業したときに、すでにゲーム理論の論文を書いていた（Nash 1950）。ナッシュが、大学を卒業後、プリンストン大学の数学科の大学院を受験するとき、指導教授から送られた推薦書の学業評価は、たった1行、「この男は天才である」と書かれていたそうである。大学院では、わずか14か月で博士論文を完成させた。

なぜナッシュ均衡が重要なのか？

ナッシュ均衡はゲーム理論の最も重要な解概念である。なぜだろうか？ 仮にゲーム理論がナッシュ均衡でない戦略の組み合わせを提示するとしよう。ゲームに参加するすべてのプレイヤーがゲーム理論に従って戦略をとるとき、少なくとも1人のプレイヤーの戦略は他のプレイヤーの戦略に対して最適応答ではない。そのようなプレイヤーは、理論とは異なる戦略をとった方が高い利得を得られる。さらに、そのことを合理的に予測する他のプレイヤーたちも理論とは異なる戦略をとるようになる。

言いかえると、ナッシュ均衡でない戦略の組み合わせを提示する理論は、合理的なプレイヤーに受け入れられることはない。理論が公表されるや否や、少なくとも1人のプレイヤーが理論から逸脱しようとする。その後は、他のプレイヤーも理論から逸脱するだろう。このような理論は、自己矛盾的であるという。人間行動や社会を研究する学問では、自己矛盾的な理論を採用することはできない。自己矛盾的でない理論は、プレイヤーの合理的な行動としてナッシュ均衡を提示しなければならない。

ナッシュ均衡は、合理的なプレイヤーによる戦略の読み合いの「落ち着く先」である。プレイヤーたちは、互いの戦略を合理的に推論して、「ナッシュ均衡の戦略がプレイされるだろう」という共通の予想に到達する。言いかえれば、プレイヤーたちはゲームの前にナッシュ均衡をプレイすることに「暗黙に」合意するのである。

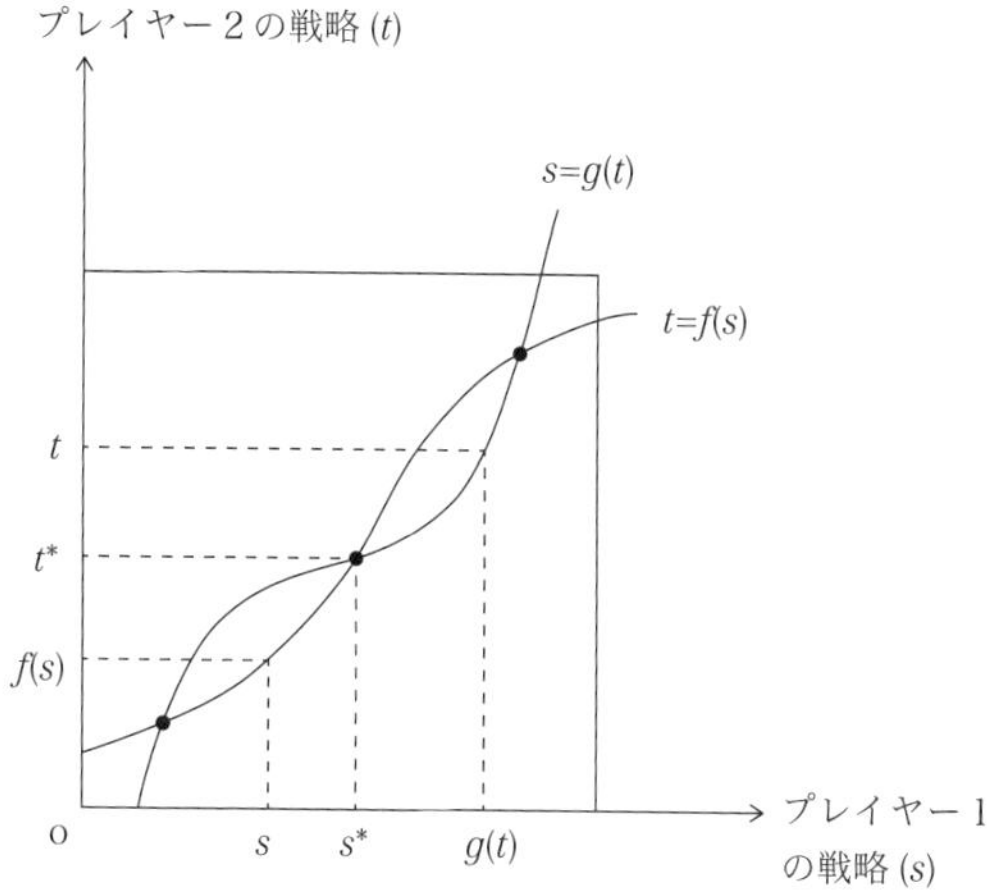

図3-1　最適応答のグラフとナッシュ均衡

他のプレイヤーが暗黙の合意から逸脱しない限り、どの1人のプレイヤーも自ら進んでナッシュ均衡から逸脱するインセンティブをもたないので、ナッシュ均衡の暗黙の合意は遵守される。ナッシュ均衡はプレイヤーたちの「自己拘束的な」合意ともいわれる。

ナッシュ均衡と不動点定理

ナッシュは、すべてのゲームには少なくとも1つのナッシュ均衡が存在することを証明した。フォン・ノイマンがミニマックス定理と経済均衡の存在定理で用いたブラウワーと角谷の不動点定理（第1章）が、ナッシュ均衡の存在定理でも重要な役割をもつ。

図3-1では、横軸がプレイヤー1の戦略 s を表し、縦軸がプレイヤー2の戦略 t を表す。図の曲線

$t=f(s)$ は、プレイヤー1の戦略 s に対するプレイヤー2の最適応答 t のグラフを表す。また、曲線 $s=g(t)$ は、プレイヤー2の戦略 t に対するプレイヤー1の最適応答 s のグラフを表す。ナッシュ均衡 (s^*, t^*) では $t^*=f(s^*)$ および $s^*=g(t^*)$ が成り立つので、ナッシュ均衡 (s^*, t^*) は2つの曲線 $t=f(s)$ と $s=g(t)$ の交点である。

　プレイヤーの戦略集合が有界で閉じた集合（コンパクト集合という）で、2つの曲線が連続であれば、図1-2のように、ブラウワーの不動点定理より、曲線の交点――ナッシュ均衡――が少なくとも1つ存在する。図3-1からわかるように、ナッシュ均衡はただ1つとは限らず、複数個存在することもある。

純粋協調問題のナッシュ均衡

　表3-4の待ち合わせゲームのナッシュ均衡をみてみよう。2人のプレイヤーが待ち合わせのために場所Aを選ぶならば、2人は運良く会える。もし1人だけ場所Bを選ぶならば、2人は行き違いで会えない。戦略を変更したプレイヤーの利得は2から0に下がってしまう。すなわち、一方が場所Aを選ぶとき、他方のプレイヤーの最適応答は同じ場所Aを選ぶことであるから、戦略の組み合わせ（場所A、場所A）はナッシュ均衡である。同じ理由で、（場所B、場所B）の戦略の組み合わせもナッシュ均衡である。2人が別々の場所を選ぶ戦略の組み合わせは、ナッシュ均衡でない。1人のプレイヤーが戦略を変更して相手と同じ場所を選べば、利得が増加するからである。

　確率を用いる混合戦略にもナッシュ均衡がある。混合戦略によるナッシュ均衡についても、公準

3-4が成り立つ。これを手掛かりに、混合戦略によるナッシュ均衡を求めてみよう。

2人が「場所Aと場所Bを確率1/2で選ぶ」とする。このとき、一方が場所Aを選ぶとき、会える確率と会えない確率はともに1/2なので、期待利得は1である。場所Bを選ぶときの期待利得も1である。どちらの場所を選んでも期待利得は等しいので、2つの場所を確率1/2で選ぶ混合戦略も最適応答である。したがって、2人が「場所Aと場所Bを確率1/2で選ぶ」混合戦略の組み合わせは、ナッシュ均衡である。

混合戦略によるナッシュ均衡は、これ以外にはないこともわかる。もし2人が場所Aと場所Bを1/2以外の確率で選ぶとする。このとき、一方のプレイヤーは相手が1/2より大きな確率で選ぶ場所に確実に行った方が期待利得が大きいので、混合戦略を用いることは最適ではない。したがって、確率1/2以外の確率で場所を選ぶ混合戦略の組み合わせは、ナッシュ均衡ではない。

複数均衡問題

表3-4の純粋協調問題には3つのナッシュ均衡が存在し、ナッシュ均衡の概念だけでは合理的行動の指針にはならない。ナッシュ均衡が複数存在する場合、プレイヤーはどのように行動すべきか判断に迷い、分析者はプレイヤーの行動を予測することが難しい。これを、複数均衡問題という。複数のナッシュ均衡が存在するとき、どの均衡が選択されるかが大きな問題であり、複数均衡問題は均衡選択問題ともいわれる。

ナッシュ均衡が複数存在する場合、プレイヤーは相手がどの均衡を選ぶかを予測しなければならず、互いの行動に関する期待によって実現する均衡が異なる。プレイヤーのもつ期待によってはどのナッシュ均衡も起こりうる。さらに、プレイヤーの期待が一致しなければ、ナッシュ均衡が実現することはない。

しかし、合理的推論だけで複数均衡問題を解決することは難しい。表3-4の利得表からもわかるように、ゲームの数学モデルでは2つの場所AとBはまったく対称的であり、プレイヤーたちが特定の場所を選ぶ理由をモデルから求めることはできない。2つの場所を等しい確率で選ぶ混合戦略によるナッシュ均衡を選択するのも1つの解決方法であるが、このナッシュ均衡では、確率1/2で2人は会えない可能性がある。

フォーカル・ポイント

現実社会では、わたしたちは、文化、歴史、慣習、評判などさまざまな要因を手掛かりに複数均衡問題を解決しようとする。

もし夫婦や恋人たちが混雑しているデパートでお互いを見失ったならば、再会の場所をランダムに選ぶよりは、何らかの情報を手掛かりに相手が考える場所を想像することができる。例えば、2人が初めてデートしたときの待ち合わせが場所Aならば、この記憶を手掛かりに「相手は場所Aを選ぶ」という共通の期待を形成できるかもしれない。大学生が大学のキャンパス内で待ち合わせをする場合、学生生活の経験から1つの場所（例えば、図書館や学生食堂など）が待ち合わせ場所として共通に思いつく可能性がある。このように、複数均衡問題を解決するための期待形成の助けとなる文化的、社会的、物理的な要因をフォーカル・ポイントという（Schelling 1960）。

イギリスの大学生を対象にフォーカル・ポイントを検証した研究がある（Mehta 他 1994）。実験の参加者は20個の質問に答え、無作為に選ばれた相手と同じ答えを選べば得点を得る。実験後、総得点に比例した金額をもらえる。質問の1つは、

質問「1年の中の日付を1つ選びなさい：　月　日」

というものであった。

被験者は、無作為に選ばれる相手と同じ答えを書かないと得点できないので、純粋協調ゲームをプレイすることになる。被験者が何らかのフォーカル・ポイントを利用して相手と協調するかどうかを調べるために、被験者はグループA（88名）とグループB（90名）に分けられた。グループAの被験者には答えと関係なくくじを使って一定の金額が支払われた。グループBの被験者は純粋協調ゲームをプレイした。

実験では、グループAの被験者88名は75個の違った日を答えたが、グループBの被験者の72・2％は、12月25日、12月10日（実験日）と1月1日の3つの日を選んだ。グループBの被験者は、クリスマス、実験日、新年というフォーカル・ポイントを利用して相手と協調することに成功したといえる。

協調問題

純粋協調問題より複雑なゲームとして協調問題がある。多くの地域コミュニティでは、住民が助け合

って地域の生活や暮らしを良くするために、自治会、町内会、防犯、防災、ゴミ出し、お祭りなどさまざまな地域活動が行われている。地域活動は地域コミュニティにとって大切であるが、住民の参加率は必ずしも高くない。地域活動への参加率が低い背景として、仕事が忙しい、活動の有益さが感じられない、などの個人的な理由の他に、「他の人も参加しないから参加しない」という他人の行動も影響しているかもしれない。

1＼2	協力する	協力しない
協力する	4，4	0，1
協力しない	1，0	1，1

表3-5　協調問題

いま、2人の個人が協力して地域の共同活動を行う状況を考える。個人は「協力する、協力しない」という選択をする。共同活動が成功するためには、2人が協力することが必要である。個人の利得は、共同活動が実現すれば5、しなければ1である。また、協力する個人はコスト1を負担しなければならない。

2人のゲームは、表3-5のように表される。プレイヤーは「協力する」と「協力しない」という2つの戦略をもつ。協力すれば、相手の戦略に応じて利得は4または0である。協力しなければ、相手の戦略にかかわらず利得は1である。「協力する」戦略をとれば、相手も協力すれば利得4が得られるが、相手が協力しなければ利得は0となる。一方、「協力しない」戦略をとれば、つねに利得1が得られる。「協力する」戦略はリターンが大きいがリスクのある戦略であり、「協力しない」戦略は、リターンが小さいがリスクのない戦略である。

表3-5のゲームは、「相手が協力したら自分も協力するが、相手が協力しなければ自分も協力しない」という特徴をもつ。相手と協調して行動した方が高い利得を得られるので、協調問題と呼ばれてい

る。

協調問題は、純粋協調問題と同じく複数のナッシュ均衡をもつ。（協力する、協力する）と（協力しない、協力しない）の戦略の組み合わせの他に、2人が「確率1/4で協力し確率3/4で協力しない」混合戦略をとる状況もナッシュ均衡である。混合戦略のナッシュ均衡では、相手が混合戦略をとる限り、プレイヤーの期待利得は協力してもしなくても等しく1であり、合理的選択の公準3-4が成り立つ。

純粋協調問題と異なり、協調問題の2つのナッシュ均衡、（協力する、協力する）と（協力しない、協力しない）、ではプレイヤーの利得が異なる。プレイヤー全員にとって「協力する」ナッシュ均衡の方が「協力しない」ナッシュ均衡より利得が大きい。ナッシュ均衡での利得の違いを利用すれば、協調問題での複数均衡問題が解決できる可能性がある。もし2人が互いを信頼できれば、リスクがあるが利得の大きな「協力する」ナッシュ均衡をプレイするだろう。しかし、もし相手を信頼できなければ、利得は小さいがリスクのない「協力しない」ナッシュ均衡を選択するだろう。協調問題でプレイヤーが望ましくないナッシュ均衡を選択することを、協調の失敗という。

交渉問題

協調問題では、プレイヤーは相手と協調することが重要であり、利害の対立はない。一方、多くの社会状況は誘因混合ゲームであり、協力と対立が混在する。例えば、取引の交渉をする売り手と買い手は、ともに取引をしたいが、価格をめぐって利害が対立する。平和交渉をする隣国は、ともに戦争を避けたいが、和解の条件を有利なものにしようと利害が対立する。利害の対立を回避して協力を実現するためには、プレイヤーは交渉しなければならない。利害の対立があるとき、協調問題は交渉問題となる。

表3-4の待ち合わせゲームで、場所Aはプレイヤー1の自宅に近く、場所Bはプレイヤー2の自宅に近いとする。自宅から遠い場所に行くには交通コスト1がかかるとすると、ゲームの利得は表3-6のようになる。

2人のプレイヤーにとって会えないより会うことの方が望ましいが、それぞれ自宅の近くで会いたいので、待ち合わせの場所をめぐって利害が対立する。ゲームのナッシュ均衡は、表3-4の待ち合わせゲームと同じで、「2人が場所Aに行く」、「2人が場所Bに行く」と混合戦略を用いることの3つである。混合戦略で用いる確率は、交通コストがかかるため表3-4のゲームとは異なる。2人のプレイヤーは、確率2/3で自宅に近い場所に行き、確率1/3で自宅に遠い場所に行く。相手が混合戦略をとるとき、各プレイヤーの期待利得はどの場所を選択しても2/3であるので、公準3-4が成り立つ。

1＼2	場所A	場所B
場所A	2, 1	0, 0
場所B	0, 0	1, 2

表3-6　利害対立のある待ち合わせゲーム（交渉問題）

表3-6のゲームには複数のナッシュ均衡があり、どのナッシュ均衡をプレイするかで利害の対立がある。プレイヤーは自宅に近い場所で相手に会うナッシュ均衡が望ましい。2人のプレイヤーは待ち合わせの場所について交渉する必要があり、ゲームは交渉問題と呼ばれる。交渉が決裂すれば、2人は会えず、最悪の結果となる。

表3-6の待ち合わせゲームは、「男性と女性の争い」という名前でも呼ばれている。オリジナルな物

語は、恋人や夫婦関係にある男女がデートの行き先として、野球を観に行くかバレエを観に行くかの選択肢をもつ。男性は野球をバレエより好み、女性はバレエを野球より好む。2人にとって一緒に行けないのは、最悪な結果である。男女はデートするという共通の目的をもつが、行き先では利害が対立する。

交渉問題を解決するためには、利害の対立を調整する手段が必要である。調整手段にはさまざまなものが考えられる。例えば、公平なくじを使って、2人の待ち合わせ場所を決めることができる。2人が恋人どうしで週末ごとにデートするならば、交互に待ち合わせ場所を変えることができる。また、交通コストを平等に分担することができれば、待ち合わせの場所についての利害対立を金銭的補償で解決できる。文化や社会規範も交渉問題の解決に大きな役割を果たす。女性（または男性）の立場を優先する文化や社会規範が定着している社会では、女性（または男性）の望むナッシュ均衡が選択されるであろう。

分配問題

表3-6の待ち合わせ場所の交渉問題を一般化した状況として、利得の分配問題がある。いま、2人のプレイヤーが10万円の分配を交渉する。分配額は1万円単位とする。2人は合意できれば10万円を自由に分配できるが、合意できなければ、何ももらえない。

現実社会での交渉のやり方はさまざまである。交渉の例として、2人が取り分を同時に要求するゲームを考える。もし2人の要求額の和が10万円以下ならば、それぞれ要求額を受け取れる。もし要求額の和が10万円より大きいならば、交渉は決裂し2人は何も得られない。プレイヤーはリスク中立的で、利

1 \ 2	0	1	2	3	4	5	6	7	8	9	10
10	10, 0	0, 0	0, 0	0, 0	0, 0	0, 0	0, 0	0, 0	0, 0	0, 0	0, 0
9	9, 0	9, 1	0, 0	0, 0	0, 0	0, 0	0, 0	0, 0	0, 0	0, 0	0, 0
8	8, 0	8, 1	8, 2	0, 0	0, 0	0, 0	0, 0	0, 0	0, 0	0, 0	0, 0
7	7, 0	7, 1	7, 2	7, 3	0, 0	0, 0	0, 0	0, 0	0, 0	0, 0	0, 0
6	6, 0	6, 1	6, 2	6, 3	6, 4	0, 0	0, 0	0, 0	0, 0	0, 0	0, 0
5	5, 0	5, 1	5, 2	5, 3	5, 4	5, 5	0, 0	0, 0	0, 0	0, 0	0, 0
4	4, 0	4, 1	4, 2	4, 3	4, 4	4, 5	4, 6	0, 0	0, 0	0, 0	0, 0
3	3, 0	3, 1	3, 2	3, 3	3, 4	3, 5	3, 6	3, 7	0, 0	0, 0	0, 0
2	2, 0	2, 1	2, 2	2, 3	2, 4	2, 5	2, 6	2, 7	2, 8	0, 0	0, 0
1	1, 0	1, 1	1, 2	1, 3	1, 4	1, 5	1, 6	1, 7	1, 8	1, 9	0, 0
0	0, 0	0, 1	0, 2	0, 3	0, 4	0, 5	0, 6	0, 7	0, 8	0, 9	0, 10

表3-7　ナッシュの要求ゲーム（分配問題）

得は受け取る金額と等しいとする。このゲームは、ナッシュの要求ゲームと呼ばれている（Nash 1953）。

ゲームの利得表は、**表3-7**のようになる。表では、プレイヤー1の戦略（要求額）は大きい順に並べているが、プレイヤー2の戦略（要求額）は小さい順に並べている。

表3-7で、ナッシュ均衡の利得の組み合わせは、○で囲まれている。総額10万円のすべての分配（1万円単位）がナッシュ均衡である。また、2人のプレイヤーがそれぞれ最大額の10万円を要求し、交渉が決裂する状態（右上のマス）もナッシュ均衡である。

ナッシュの交渉理論

ナッシュはプリンストン大学の大学院に入学する前、カーネギー工科大学の学部生のときに、世界の数学者や経済学者に先んじてゲーム理論を用いて交渉問題の論文を執筆していた。論文は、「国際経済学」の授業での学生レポートであった。その後、論文は、理論経済学の分野で最も権威のある学術誌『エコノメトリカ』に掲載された（Nash 1950）。

当時の経済学は、交渉問題では経済価値が「効率的に」分配されるが、分配自体は交渉主体の「交渉力」によるとし、交渉問題は不確定な問題であった。

これに対して、ナッシュは合理的なプレイヤーが合意するただ1つの分配をゲーム理論により導いた。ナッシュの研究は、『ゲーム理論と経済行動』でのフォン・ノイマンとモルゲンシュテルンの公理的方法を踏襲するものであった。

ナッシュの理論を説明しよう。合意によって実現できる2人のプレイヤーの効用の組み合わせの集合を交渉の実現可能集合といい、Uで表す。また、交渉が決裂したときの効用の組み合わせを交渉の不一致点といい、$d=(d_1, d_2)$で表す。交渉問題は、実現可能集合Uと交渉の不一致点dの組(U, d)で表される。

交渉問題の解（交渉解）とは、実現可能集合Uの中で合理的なプレイヤーが合意できる効用の組である。交渉問題の考えられる解は無数にある。ナッシュは、交渉解を「天下り的に」提示するのではなく、最初に交渉解がみたすべき公理を提示し、数学を用いて公理から特定の交渉解を導出した。ナッシュの研究は、フォン・ノイマンとモルゲンシュテルンが期待効用理論（第2章）を確立するために用いた公理的方法を交渉問題に拡張するものであった。

いま、2つの効用分配$u=(u_1, u_2)$と$v=(v_1, v_2)$に対して、u_1がv_1より大きく、かつu_2がv_2より大きいとき、分配uは分配vよりパレート優位であるという。さらに、分配uよりパレート優位な分配が実現可能集合Uの中にないとき、分配uはパレート最適（またはパレート効率的）であるという。ヴィルフレド・パレートは、20世紀前後にかけて活躍したイタリアの経済学者である。市場均衡の理論に関して先駆的な業績をあげ、とくにパレート最適性の概念は資源配分や利得分配の効率性の最も基本的な基準となっている。

分配uがパレート最適でないならば、プレイヤー全員にとってuより望ましい分配が実行可能であり、uの分配の仕方に無駄があると言える。配分すべき資源の一部を捨てたり、資源が無駄に利用されている。パレート最適性は、資源配分、利得分配や戦略の決定など社会的決定の効率性の一般的な概念として、ゲーム理論や経済学において広く使われている。

ナッシュは、交渉解がみたすべき次の4つの公理を提示した。

公理1　交渉解は、パレート最適な効用分配である。
公理2　プレイヤーの立場が対等であれば、交渉解はプレイヤーに等しい効用を与える。
公理3　プレイヤーの効用が正1次変換されても、交渉解は実質的に同じである。
公理4　交渉解以外の分配が実行不能になっても、交渉解は変わらない。

最初の3つの公理は、自然なものである。もし公理1で交渉解がパレート最適でないならば、2人のプレイヤーがともにより大きな効用を得る分配が存在するので、交渉解に合意することはプレイヤーにとって合理的でない。もし公理2でプレイヤーの立場が同じであるのに、交渉解の分配が一方のプレイヤーに有利であれば、他方のプレイヤーはそのような交渉解に合意しないであろう。公理3は、フォン・ノイマン＝モルゲンシュテルン効用（第2章）を採用する限り、必要なものである。フォン・ノイマン＝モルゲンシュテルン効用では、正1次変換された効用は元の効用と実質的に同じであるので、交渉解も実質的に同じであるべきである。

公理4は、「無関係な結果からの独立性」と呼ばれている。その意味は、次のようである。例えば、家族旅行の候補地として3つの観光地A、B、Cがあり、家族全員でどこに行くか、話し合うとする。交渉の結果、Aが選ばれたとする。その後、Bのホテルはすべて満員で予約がとれなくなり、Bが旅行の候補地でなくなったとする。家族は、残りの候補地AとCのうちどちらを選ぶか、再び話し合う。どちらが選ばれるだろうか？　公理4は、たとえBが候補地からはずれても同じAが選ばれるとする。なぜなら、最初の話し合いではAの方がCより良いと決定したのだから、Bが実行可能でなくなってもその決定を変えないのが合理的であると考えられるからである。読者の家庭での話し合いは、どうであろうか？

ナッシュは、次の定理を証明した。

ナッシュの定理
公理1〜4をみたす交渉解はただ1つであり、実現可能集合Uの上で交渉の不一致点からのプレイヤーの効用差の積$(u_1-d_1)(u_2-d_2)$を最大にする。

交渉問題は、誘因混合ゲームであり非ゼロ和2人ゲームとして表せる。ナッシュの定理は、非ゼロ和

2人ゲームのただ1つの値を定める。これは、ミニマックス定理によりゼロ和2人ゲームのただ1つの値を定めたフォン・ノイマンとモルゲンシュテルンの研究を非ゼロ和ゲームに拡張するものであり、画期的な成果である。ナッシュの研究以後、経済学での交渉問題の研究は一変した。ナッシュの交渉解は、現在、ナッシュ交渉解と呼ばれていて、交渉問題の標準的な解となっている。

残された問題

ナッシュは、4つの公理から交渉問題の解を導いたが、大きな問題が残っていた。ナッシュ交渉解とナッシュ均衡はどのように関係するのか、ナッシュ交渉解をナッシュ均衡として特徴づけられるか、という問題である。とくに、どのように交渉すれば、2人のプレイヤーはナッシュ交渉解に合意するのかという問題が残っていた。

ナッシュは、この問題を解決するために、2人のプレイヤーが利得を要求し合う交渉のモデル（要求ゲーム）を分析した。現実の交渉は複雑であり、利得の要求だけでなく、提案、応答、再提案、説得、脅しなど多様な戦術が用いられる。しかし、どのような交渉でも、プレイヤーは利得の要求レベルを事前に定めて交渉に臨むので、ナッシュの交渉モデルは、現実の複雑な交渉の分析にも有効である（コラム5）。

表3-7でみたように、要求ゲームでは、複数均衡の問題があるが、ナッシュは次のように考えた。ゲームの数理モデルは複雑な現実世界を単純に描写したものである。現実世界は、さまざまな不確実な変数を含み、現実を分析しようとする研究者は変数の正確な値を完全に推測することは不可能である。

そのような不確実な「ゆらぎ」のある現実社会は、元の理論モデルそのものよりは、理論モデルを構成する変数の値が微小に変化した「摂動」モデルによってより適切に描写できる。交渉モデルの摂動とは、例えば、10万円の分配交渉でプレイヤーの要求額の和が10万円より1円だけ超えたとき、交渉が決裂するのではなく確率0・99で合意が実現するような交渉ルールの微小な変化である。

ナッシュは、モデルの摂動が十分に小さければ、要求ゲームのナッシュ均衡は（複数であっても）ナッシュ交渉解に近く、摂動がゼロになるにつれて、ナッシュ交渉解に収束することを証明した。

ナッシュの交渉理論は、公理論的方法によって交渉解を論理的に導き、さらに交渉解を交渉ゲームのナッシュ均衡によって特徴づけるという「美しい数学」であり、現在でも社会科学への数学の応用として最高水準にある。

コラム4　プロスポーツ選手とゲーム理論

プロスポーツの一流選手がゲーム理論の合理的な戦略をとるかどうかは、興味深い問題である。プロサッカー選手のペナルティキックの対戦データを用いて、ゼロ和2人ゲームのマックスミニ戦略の理論予測を検証した研究がある（Palacios-Huerta 2003）。1995年9月から2000年6月までにスペイン、イタリア、イングランドなどのプロリーグの試合で行われた1417のペナルティキックから30以上のペナルティキックをプレイした22人のキッカーと20人のゴールキーパーを選び、公準3-4が成立するかどうかが検証された。公準3-4が成立するならば、キッカーが右側に蹴った場合と左に蹴った場合のキックの成功率は同じである。検証の結果、プロサッカー選手の行動データは、公準3-4と整合的であることが報告されている。

コラム5　ゲーム理論は現実の交渉を説明できるか?

ゲーム理論が現実の交渉を説明できるかどうかを検証するために、数多くの交渉実験が行われている。理論予測が明確な最後通告ゲームが多くの実験で採用されている（Güth 他 1982）。

最後通告ゲームでは、2人のプレイヤーが金額 c の分配を交渉する。先手が相手への分配額を提案する。提案額は0以上 c 以下である。後手は、提案額を受諾するかどうかを選択する。もし受諾すれば、後手は提案額を受け取り、先手は残りの額を受け取る。もし拒否すれば、2人とも何ももらえない。先手の提案は、交渉での最後通告である。

ゲームのルールから、後手は提案を拒否すれば、何ももらえない。もし後手が「自分の利得を最大化することだけに関心がある」という利己的選好をもつならば、どんな提案額でも受諾する。これより、先手も利己的選好をもつならば、最適な行動は分配額0を提案することである。

最後通告ゲームの実験は、世界中のさまざまな国で行われているが、概ね実験結果は同じであり、次のような規則性をもつ（Camerer 2003）。

(1) 提案額のモード（最頻値）とメジアン（中央値）は、総額の4割から5割である。

(2) 総額の4割から5割の提案額は、ほとんど受け入れられる。

(3) 総額の2割以下の提案額は、大体2回に1回の割合で拒否される。

実験データは、利己的選好の下でのゲーム理論の理論予測を支持しない。とくに、後手は、2割以下の提案額は5割の頻度で拒否する。

後手の行動は、公平感が大きな影響を及ぼしていることがわかる。5割近い公平な提案額を受諾するが、2割以下の不公平な提案額を拒否する。後手の行動は、「親切な行動には協力し、不親切な行動には協力しない」という互恵性の原理から説明できる。

総額の5割近くを提案する先手の行動は、2通りの解釈が可能である。1つの解釈は、先手は利他的選好をもち、相手が利得を得ることに喜びを感じるというものである。他の解釈は、先手は利己的選好をもち、後手の互恵主義的な応答を戦略的に読んで、拒否される可能性が低い額を提案したというものである。

最後通告ゲームの実験データは、被験者の行動は、利己的選好だけでなく利他的選好や公平性、互恵性などの社会性の行動誘因にも影響されることを示している。ゲーム理論が現実の交渉を説明できるためには、人間の行動誘因について理解を深める必要がある。

第4章　時間と情報

要点

- 時間に沿って進行するゲームでは、将来の手番からプレイヤーの最適行動を逐次的に求める（逐次合理性の原理）。
- 完全情報ゲームの例に、チェーンストア・ゲーム、21本の旗問題やドル・オークションがある。
- 不完全情報と意思決定の問題が、モンティ・ホール問題、モラル・ハザード、レモン市場、チープトーク、シグナリング、スクリーニング、勝者の災いなどのゲーム・モデルで考察される。

時間に沿って進行するゲーム

社会の多くのゲームは、時間の推移とともに進行する。時間に沿ってプレイされるゲームは、図4-1のような樹形図（ゲーム・ツリーと呼ばれる）で表される。樹形図の分岐点は、プレイヤーが行動を選択する手番を表し、枝は行動または選択肢を表す。ゲームは初期点Oから始まり、1つの頂点に到達して終了する。

樹形図から、初期点Oからプレイヤーの各手番への道（パス）はただ1つに定まることがわかる。初

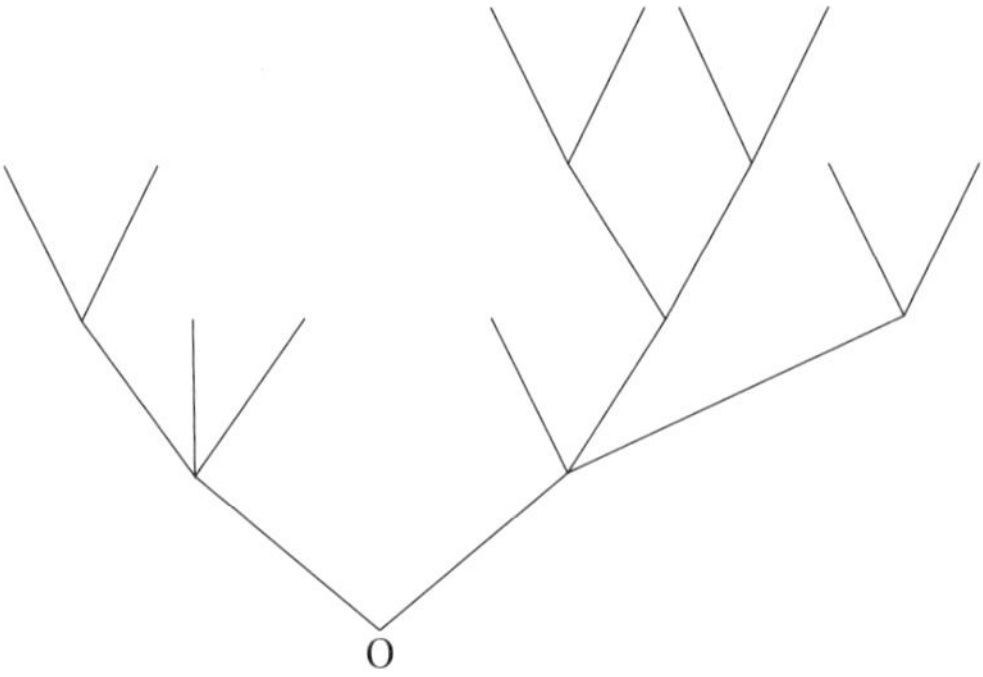

図4－1　樹形図（ゲーム・ツリー）

期点Oから各手番への道は、手番以前のゲームのプレイを表す。

ゲームが時間に沿ってプレイされるとき、ある手番でのプレイヤーの意思決定は、過去と将来に影響を受ける。通常、プレイヤーは、ゲームの過去のプレイに関して何らかの情報を得て意思決定を行う。さらに、プレイヤーは将来の出来事を予想して現在の意思決定を行う。このように、プレイヤーの意思決定は、現在、過去と将来の（自分自身を含む）すべてのプレイヤーの意思決定から影響を受ける。

ゲーム・ツリーで表現されるゲームでは、ゲームとプレイ、戦略と行動はそれぞれ異なる概念である。ゲームとは、ゲーム・ツリーで定式化される一連のゲームのルールの総体を意味する。一方、プレイとは、ゲーム・ツリーの初期点から1つの頂点への道のことである。プレイヤーの行動とは、各手番での枝である。プレイヤーの戦略とは、すべての手番でとるべき行動を指定する行動計画である。

情報のモデル

プレイヤーが過去のプレイに関して得る情報は、次のようにモデル化できる。いま、ゲーム・ツリー

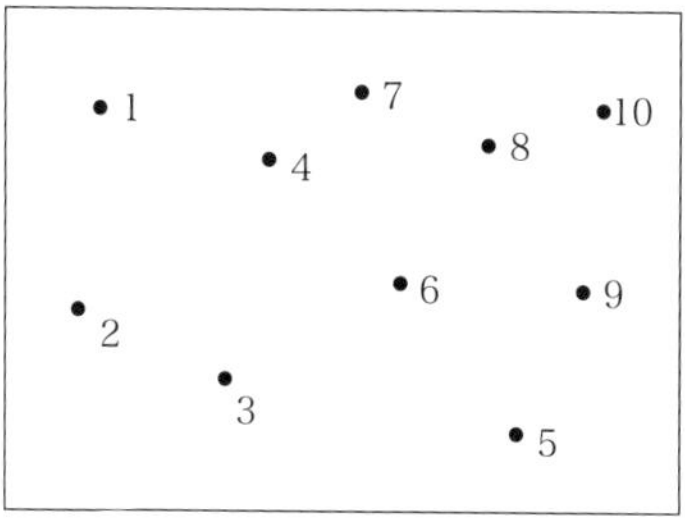

図4-2　ゲームの手番の集合

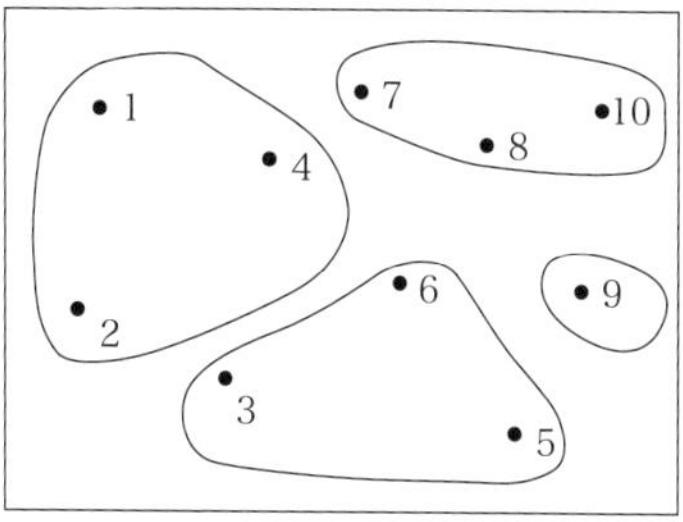

図4-3　情報集合

における1人のプレイヤーの可能な手番の全体を考える。議論をわかりやすくするために、図4-2のように可能な手番は10個とし、1から10までの数字を付ける。異なる手番は過去の異なるプレイに対応している。

一般に、プレイヤーは行動を選択するとき、どの手番にいるかを完全には知らない。過去のプレイに関するプレイヤーの情報は、図4-3のように手番の全体をいくつかの部分集合に分割することで表される。このような部分集合を、プレイヤーのもつ情報集合という。情報集合の意味は、プレイヤーは、

(1)　自分の手番がどの情報集合に含まれるかを知っているが、

(2)　情報集合の中のどの手番にいるかを知らない

というものである。

例えば、図4-3ではプレイヤーは4つの情報集合をもつ。手番1が到達されたとき、プレイヤーは「1、2、4の3つの手番のいずれかにいる」ことを知っているが、3つの手番のうちどこにいるかを知らない。

もしプレイヤーが過去のプレイに関して完全な情報を得て、どの手番にいるかを知ることができるならば、図4-3は図4-4のようになる。

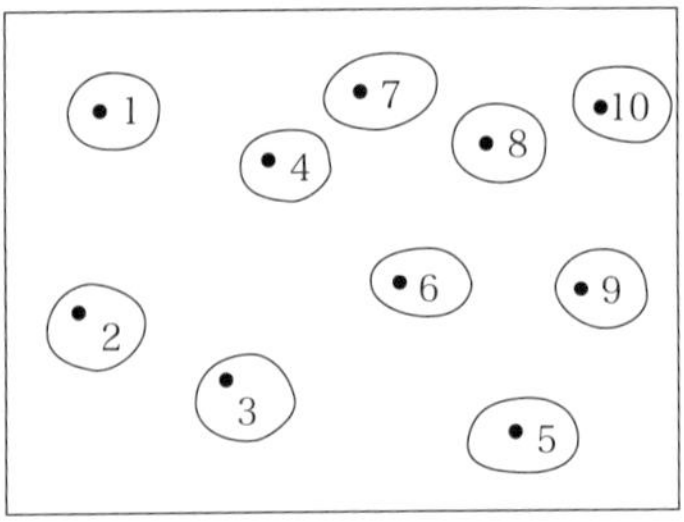

図4-4　完全情報

図4-4では、プレイヤーは10個の情報集合をもち、すべての情報集合はただ1つの手番しか含まない。このような情報集合を完全情報といい、完全情報をもつゲームを完全情報ゲームという。完全情報ゲームでないゲームを不完全情報ゲームという。不完全情報ゲームでは、プレイヤーの少なくとも1つの情報集合は2個以上の手番を含む。

情報と知識

プレイヤーの情報は過去のプレイに関するものだけでなく、天候や将来の株価など不確実な事象に関するものを含む。プレイヤー全員が知る情報を公的情報と言い、特定の個人しか知らない情報を個人情報と言う。個人の学歴、収入、心理状態や企業の研究開発などは個人情報の典型的な例である。

情報集合の概念は、プレイヤーの手番だけでなく不確実な事象一般に対しても適用できる。いま、社会のありうる状態の全体をXとし、不確実な状態に関してプレイヤーが有する情報が図4-5のように情報集合によるXの1つの分割で与えられているとする。プレイヤーは不完全な情報しかもたず、真の状態がxのとき「xは情報集合$P(x)$（灰色の領域）に含まれる」ことしか知らない。

わたしたちが世界の状態に関してまったく無知であるとき、情報集合はただ1つで状態の全体Xのみである。学問の目的は、世界についてわたしたちの知識を広げることである。学問が発展するにつれて、情報集合の数が増え、情報集合による世界の状態の分割がより細かくなる。ゲーム理論では、情報集合の概念がプレイヤーの認識の基盤であり、情報集合によってプレイヤーの知識が定まる。

不確実な状態の全体Xの部分集合を事象という。例えば、地球温暖化問題で議論される「人間活動によって排出される温室効果ガスによって地球全体が温暖化した」という現象は、1つの事象である。図4-5でE（点線で囲まれた領域）を事象とし、真の状態xを含む情報集合を$P(x)$とする。図4-5のように、もし事象Eが情報集合$P(x)$を部分集合として含むならば、プレイヤーは「状態xにおいて事象Eの生起を知る」という。この理由は、プレイヤーは真の状態xが情報集合$P(x)$に含まれることを知っているので、事象Eが真の状態xを含む、すなわち事象Eが生起することを知るからである。

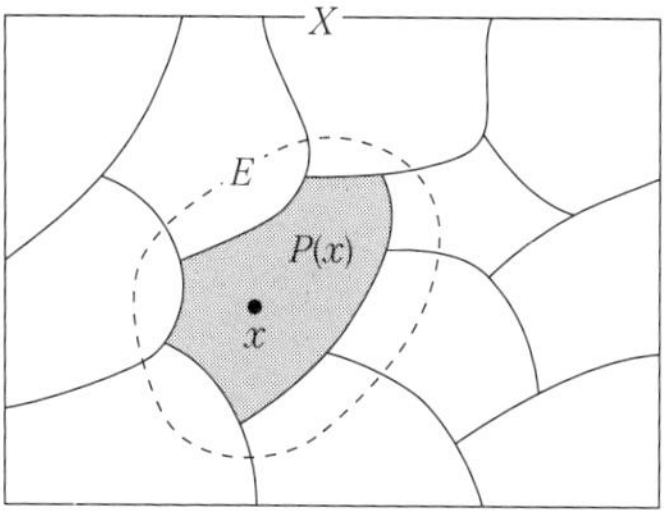

図4-5　事象Eと情報集合$P(x)$

さらに、情報集合のモデルを使えば、「知識の知識」という高次の知識も定式化できる。例えば、「プレイヤー1が事象E（の生起）を知る」という事象は、

「プレイヤー1が状態xにおいて事象Eを知る」

という命題が真であるような状態xの集合である。このような事象を$K_1(E)$とおけば、情報集合$P(x)$が事象$K_1(E)$と等しいか$K_1(E)$に含まれれば、プレイヤー1は状態xにおいて事象Eを知ることになる。図4-5では、事象$K_i(E)$と情報集合$P(x)$は等しい。

プレイヤーは、不確実な事象の確率を主観的に評価する。不確実な事象に関するプレイヤーの主観的確率を、事前信念という。ベイジアン意思決定理論（第2章）に従って、プレイヤーは、事前信念で定まる期待効用を最大にするように意思決定をする。もし意思決定の前に新しい情報が得られるならば、事前信念を修正することができる。情報によって修正された信念を、事後信念という。

事象Aと事象Bに対して、事象Aが起きるときの事象Bの条件付き確率（記号で$P(B|A)$とかく）は、AとBが同時に起きる確率$P(A \cap B)$とAが起きる確率$P(A)$の相対比$P(A \cap B)/P(A)$で定義される（ただし$P(A)$はゼロでない）。これを、条件付き確率のベイズの公式という。事象Aの情報を得た後の事象Bについての事後信念は、Aが起きるときのBの条件付き確率で定まる。

不確実性のあるゲームでは、プレイヤーの信念、情報、相互認識が意思決定に大きな影響を与える。ジョン・ハーサニは、フォン・ノイマン、モルゲンシュテルン、ナッシュが基礎を築いたゲーム理論を発展させ、不確実性のあるゲーム（情報不完備ゲームという）の理論を提唱した（Harsanyi 1967-68）。

チェーンストア・ゲーム

完全情報ゲームの例として、次のようなものがある。ある町で大手チェーンストアが独占的に営業している。地元の事業家が資産を銀行の定期預金に投資するか、チェーンストアと競合する店を開業するか、の選択に直面している。もし事業家が定期預金に投資すれば、事業家は利得1を得て、チェーンストアは独占的利得5を得る。もし事業家が新規店を開業すれば、チェーンストアは新規店と協調するか、対立するかの選択肢をもつ。もしチェーンストアが新規店と協調するならば、双方は利得2を得る。もしチェーンストアが新規店と対立するならば、値下げ競争が行われ双方の利得は0となる。経済学の用語では、事業家が新規店を開業することを市場に参入するという。このゲームをチェーンストア・ゲームという（Selten 1978）。

　チェーンストアと事業家のゲームは、図4-6のようなゲーム・ツリーで表される。最初に、事業家が市場に参入するかどうかを選択する。もし市場に参入しなければ、ゲームは終了する。もし事業家が市場に参入すれば、チェーンストアは新規店と協調するか対立するかを選択する。ゲームの各頂点につけられている2つの数字は、上の数字が事業家の利得であり、下の数字がチェーンストアの利得である。事業家が市場に参入すれば、チェーンストアはそのことを知った上で行動を選択するので、チェーンストア・ゲームは完全情報ゲームである。

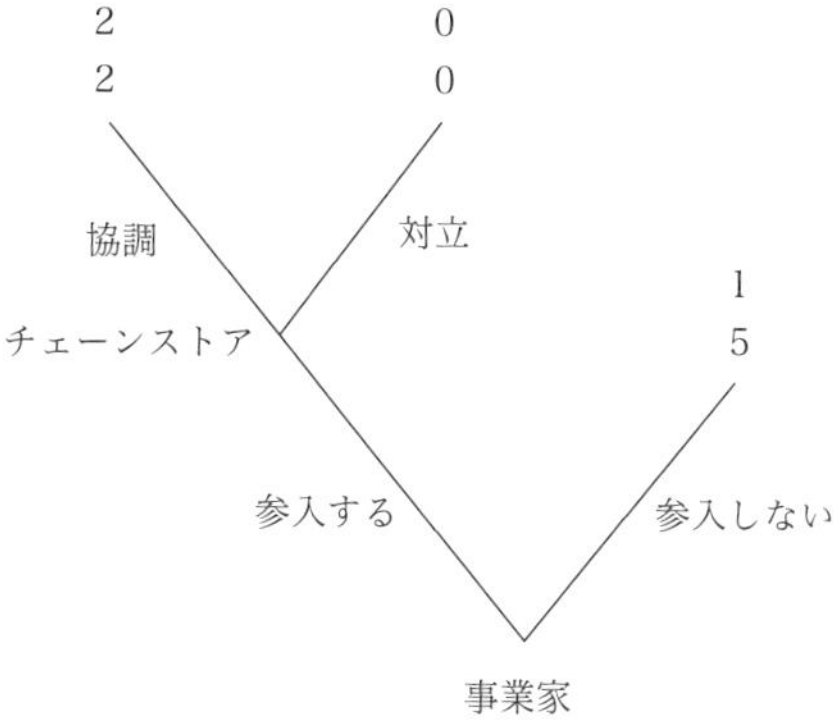

図4-6　チェーンストア・ゲーム

逐次合理性の原理

　プレイヤーが時間に沿って逐次的に行動を選択する完全情報ゲームでも基本的な解概念はナッシュ均衡（第3章）であるが、プレイヤーの選択が他のプレイヤーの将来の選択に影響を及ぼすために、考慮すべき重要な点がある。

チェーンストア・ゲームでの事業家の選択を考えてみよう。事業家が資産を安全な定期預金に投資することが最適であるかどうかは、市場に参入したときのチェーンストアの行動によって決まる。もしチェーンストアが協調的な行動をとるならば、事業家の利得は参入したときの利得2の方が定期預金に投資するときの利得1より大きいので、事業家の最適な選択は市場に参入することである。一方、もしチェーンストアが対立的な戦略をとるならば、事業家の最適な選択は市場に参入しないことである。したがって、事業家はチェーンストアの選択を合理的に予想しなければならない。

チェーンストアの選択はどのようであろうか？ 図4-6より、チェーンストアが事業家と協調すれば利得は2であり、対立すれば利得は0である。明らかに、チェーンストアの最適な選択は事業家と協調することである。これを合理的に推論すれば、事業家の最適な行動は、市場に参入することである。

事業家とチェーンストアの行動の組（参入する、協調する）が、チェーンストア・ゲームのナッシュ均衡であることを確認しよう。チェーンストアの協調戦略に対する事業家の最適応答は、市場に参入することである。事業家の参入戦略に対するチェーンストアの最適応答は、事業家と協調することである。このように、2人のプレイヤーの戦略は互いの最適応答であるので、（参入する、協調する）は、ナッシュ均衡である。

以上の議論から、次のような完全情報ゲームでの合理的な選択の公準が導かれる。

公準4-1　完全情報ゲームでは、最後の手番からプレイヤーの最適行動を逐次的に求める。

この公準は、逐次合理性の原理と呼ばれている。逐次合理性の原理を適用すると、完全情報ゲームの解き方の手順は、次のとおりである。最初に、最後の手番でのプレイヤーの最適行動を求め、次に、それを前提に最後から2番目の手番でのプレイヤーの最適行動を求める。以下、この操作を繰り返して、ゲームの後ろの手番から逐次、最適行動を求め、最後に、最初の手番での最適行動を求める。このようなゲームの解き方を、後向き帰納法という。ゲームの最後の手番から後向きに最適行動を求めるので、このような名前がついている。

後向き帰納法では、プレイヤーは将来の出来事を先に読んで現在の行動を決定する。このようなプレイヤーの推論の仕方を、先読み推論という。先読み推論と後向き帰納法は、時間に沿って進行するゲームでの合理的選択の基本原則である。

チェーンストア・ゲームでみたように、完全情報ゲームで後向き帰納法で求められる戦略の組は、ゲームのナッシュ均衡であることが知られている。この結果は、ナッシュと同じ時期にプリンストン大学の大学院にいた数学者のハロルド・クーンによって証明された（Kuhn 1953）。

信憑性のない脅し

チェーンストア・ゲームの後向き帰納法で求められるナッシュ均衡では、事業家は市場に参入し、チェーンストアは事業家が開業した新規店と協調する。現実の経済では、チェーンストアが事業家に「もし参入したら対立するぞ」と脅しをかけて、市場への参入を阻止することもありえる。事業家が脅しどおりにチェーンストアが行動すると予想すれば、事業家の最適な戦略は市場に参入しないことになる。

この（参入しない、対立する）の組も、チェーンストア・ゲームのナッシュ均衡である。チェーンストアの対立行動に対する事業家の最適応答は、市場に参入しないことである。また、事業家が市場に参入しなければ、チェーンストアの手番はなく、行動を選択する機会がないのでどんな戦略も最適応答である。

（参入しない、対立する）のナッシュ均衡は、もし市場に参入すれば、チェーンストアが脅しどおりに値下げ競争という対立的な行動をとると事業家が予想することで実現される。しかし、後向き帰納法で求めたように、チェーンストアの合理的な行動は事業家と協調することである。チェーンストアが脅しを本当に実行すると事業家が予想するのは合理的でない。この事実に事業家が気づけば、事業家はナッシュ均衡の戦略を変更して市場に参入するインセンティブをもつ。なぜならば、チェーンストアが（合理的であれば）協調行動を選択するので、利得を上げることができるからである。

ドイツのゲーム理論家のラインハルト・ゼルテンは、チェーンストアの対立行動は逐次合理性の公準4-1をみたさず、「信憑性のない脅し」であると指摘した。ゼルテンは、逐次合理性の公準4-1をみたすナッシュ均衡を完全均衡と呼び、完全均衡のみを完全情報ゲームの解にすべきであると主張した。

完全情報ゲームの完全均衡を、とくに部分ゲーム完全均衡という。完全情報ゲームで、ゲーム・ツリーの1つの手番より先の部分を部分ゲームという。部分ゲーム完全均衡の名前は、すべての部分ゲームで完全均衡となることから来ている。チェーンストア・ゲームの（部分ゲーム）完全均衡は、（参入する、協調する）ナッシュ均衡のみである。

ゼルテンは、完全情報ゲームだけでなく一般の不完全情報ゲームでも完全均衡の概念を定式化した

(Selten 1975)。ゼルテンの研究以後、完全均衡は時間に沿ってプレイされるゲームの基本的な解概念として広く受け入れられている。

反事実的事象と完全均衡

チェーンストア・ゲームのナッシュ均衡（参入しない、対立する）では、事業家が市場に参入せずにゲームが終了する。「事業家が参入する」という事象は現実には起こらない。このような事象を反事実的な事象という。

ナッシュ均衡（参入しない、対立する）によるプレイは、事業家が市場に参入しないで終了する。チェーンストアの手番は、均衡プレイによって到達されない。ゲーム理論の用語では、チェーンストアの手番は「均衡プレイ外」にあると言う。反事実的な事象とは、均衡プレイ外の事象のことである。

わたしたちが現実世界で観察する事象は実際に起こった事象だけであるが、その背後には、反事実的な事象が数多く存在する。プレイヤーの選択は、反事実的な事象での行動に依存する。なぜならば、反事実的な事象での行動が実際にとる行動が最適であるかどうかを決定するからである。チェーンストア・ゲームでのナッシュ均衡（参入しない、対立する）では、「事業家が参入する」という反事実的な事象におけるチェーンストアの対立行動が事業家の「参入しない」均衡行動を導く。

ゼルテンが指摘した「信憑性のない脅し」の問題は、時間に沿ったゲームのナッシュ均衡では、反事実的な事象においてプレイヤーの均衡行動が合理的でない可能性があることである。これに対して、ゼルテンの完全均衡は、（実際に起きるかどうかにかかわらず）プレイヤーのあらゆる手番において合理的な行動を指定するので、信憑性のない脅しを含まない。

21本の旗問題

後向き帰納法の2つの応用例を紹介しよう。最初は、次のゲームである（Dixit 2005）。

問題

21本の旗があり、2人のプレイヤーが交互に旗をとっていく。ただし一度にとれる旗の数は、1本、2本または3本である。最後に旗をとった人が勝ちである。先手は何本の旗をとるべきか？

このゲームでは、2人のプレイヤーの手番は1回ではなく複数回ある。後向き帰納法によって、ゲームの最後の局面からゲームを解く。

もし旗が3本以下しか残っていなければ、それを全部とれば勝ちである。これに気がつけば、4本しか旗が残っていなければ、後手の勝ちである。なぜならば、先手は3本までしか旗をとれないので、後手は残りの旗を全部とればいい。この論理を続ければ、8本しか旗が残っていなければ、後手の勝ちである。なぜならば、先手が何本旗をとろうとも足して4本になるように旗をとれば、4本しか旗が残ってない局面にできゲームに勝てる。この論理をさらに繰り返すと、4、8、12、…、と4の倍数の旗が残っている局面にできれば、後手の勝ちである。これより、先手は1本の旗をとって20本の旗が残っているようにすればゲームに勝てる。後は、4から後手がとる旗の数を引いた本数の旗をとればよい。

ドル・オークション

日常生活では、小さな対立が徐々にエスカレートして大きな対立や争いにまで発展し、双方が後悔することがよくある。世界の歴史をみても、対立がエスカレートした悲惨な出来事は数多い。1914年にサラエボ事件を契機に始まったオーストリア＝ハンガリー帝国とセルビア王国の対立は、またたくまにヨーロッパ全土に拡大し、第一次世界大戦が起こった。国家間の軍備拡大競争は、双方が相手より優位に立とうとする結果、戦争にまで発展する危険がある。

不合理な選択が積み重なって大きな損失を被る危険は、国際対立だけではない。株式市場で投資家が損失を取り戻そうとして投資を拡大する結果、より大きな損失を被ることなど多くの事例がある。

次のゲームを用いて、対立のエスカレーションを防ぐには、逐次合理性の原理が有効であることをみてみよう。

いま、2人の個人がv円の価値の商品をめぐって入札を繰り返す。それぞれの資金はm円である。$1<v<m$とする。ゲームのルールは、次のようである。

最初に、個人1がゲームを降りるか、金額x_1を入札する。入札額は1円単位で資金以下とする。もし個人1が降りれば、個人2が1円で商品を手に入れることができる。個人1がx_1を入札すれば、次に、個人2がゲームを降りるか、x_1より大きな金額x_2を入札する。以後、2人の間で相手が降りるまで入札が繰り返される。入札額は相手の入札額より1円以上大きくなければならない。1人がゲームを降りた時点でゲームは終了し、入札額の高い個人が商品を手に入れる。また、勝者ばかりでなく敗者も入札額を支払わなければならない。

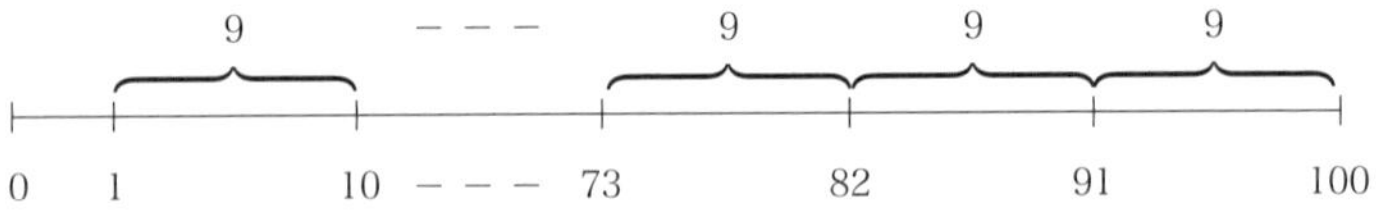

図4-7　ドル・オークションと後向き帰納法
（商品の価値が10円で資金が100円の場合）

このゲームは、ドル・オークションと呼ばれている（O'Neill 1986）。ゲームの名前は、1ドル紙幣をオークションで手に入れることから来ている。

先手（個人1）の最適戦略は何であろうか？　商品の価値がv=10円で資金がm=100円の場合を例にして考えてみよう。

例えば、個人1が5円を入札するとしよう。次に、個人2は勝つために6円を入札するかもしれない。このとき、個人1は降りると5円の損失なので、6円に勝つために7円を入札するかもしれない。すると、個人2は降りると6円の損失なので、7円に勝つために8円を入札するかもしれない。以後、2人の入札額は増えていき、商品の価値10円以上に高騰してしまう危険がある。2人は、損失を取り戻そうと10円の価値の商品に10円以上の入札をすることになる（！）。明らかに、これは不合理な選択である。

個人1が最初に9円を入札すれば、個人2は降りるのが最適なので、個人1は9円を入札して1円の利益を得るのが最適であるという人がいる。また、こんな「危険な」ゲームには最初から参加しないことが最適であるという人もいる。本当だろうか？　後向き帰納法を用いて、ゲームを解いてみよう。

2人の入札額の組み合わせを(x_1, x_2)とする。ただし、入札額は1円以上m円以下である。$x_1 < x_2$のときは、個人1の手番であり、$x_1 > x_2$のときは、個人2の手番である。

最初に、$x_1=100$ のとき、入札のルールから個人2は降りるしかない。同様に、$x_2=100$ のとき、個人1は降りるしかない。

次に、個人1の手番（$x_1<x_2$）で x_1 が91円以上99円以下のとき、個人1は降りると91円以上の損なので、損を覚悟で100円を入札して損失を90円にするのが最適である。同じように、個人2の手番（$x_1>x_2$）で x_2 が91円以上99円以下のとき、個人2は100円を入札するのが最適である。

さらに、個人1の手番で x_1 が90円以下で x_2 が91円以上99円以下のとき、個人1は入札しても損失を90円未満にすることはできないので、損しても降りることが最適である。同様に、個人2の手番で x_2 が90円以下で x_1 が91円以上99円以下のとき、個人2は損しても降りることが最適である。

以上で、入札額の組み合わせ（x_1, x_2）でどちらかが91円以上の場合、2人の最適戦略が求まった。これを前提にすると、ゲームは資金が91円の場合に帰着される。以後、後向き帰納法の論理で、資金が82円、73円、…、と9の倍数が引かれていき、最後に資金が1円のゲームが残る（**図4-7**）。このゲームでは、個人1は1円を入札することが最適である。個人2はただちにゲームを降りるのが最適である。もし個人2が降りなければ、個人1は100から9の倍数を引いた91、82、73、…、の数のうちで相手の入札額より大きな最小の数を入札するのが最適である。

資金	先手の最適入札額
1円	1円
2円	2円
⋮	⋮
9円	9円
10円	1円
11円	2円
⋮	⋮
18円	9円

表4-1　資金と最適入札額
（商品の価値が10円の場合）

一般の場合は、先手は資金 m を $v-1$ で割った余りの額を入札することが最適である。割り切れる場合は、$v-1$ の額を入札するのが最適である。後手はただちにゲームを降りるのが最適である。表4-1は、商品の価値が10円のとき、資金 m に応じた先手の最適入札額を示している。

チェーンストア・パラドックス

チェーンストア・ゲームを再び考えよう。チェーンストアは、町1から町20の20の町で営業していて、それぞれの町の事業家とチェーンストア・ゲームをプレイする。各町でのゲーム・ツリーは、図4-6と同じである。ゲームは完全情報ゲームであり、図4-8のように町1から町20まで順番にチェーンストア・ゲームがプレイされる。各町の事業家とチェーンストアは、それ以前の町でのゲームの結果を知った上で行動を選択できる。チェーンストアはすべての町での利得の合計を最大化する。

チェーンストアと20人の資産家の合理的な行動は、どのようなものだろうか？　逐次合理性の公準4-1によって、後向き帰納法を用いてゲームの最後の手番からプレイヤーの最適行動を求めよう。

最初に、町20のゲームを解く。町20のゲームは、チェーンストアと1人の事業家のゲームと同じであるので、事業家は市場に参入して新規店を開業し、チェーンストアは新規店と協調する。

次に、町19のゲームを解く。町19のゲームの結果に関係なく、町20のゲームのプレイが確定したので、町19のゲームは町20のゲームと同じである。したがって、事業家は市場に参入し、チェーンストアは事業家と協調する。

以後、同じ議論を繰り返すことによって、どの町でも事業家は市場に参入し、チェーンストアは事業家と協調することがわかる。事業家が1人のゲームと同じように、チェーンストアと20人の事業家の行動は、ゲームのただ1つの完全均衡である。チェーンストアは各町で利得2を得るので、合計40の利得を得る。

　完全均衡におけるチェーンストアの合理的な行動は、現実的に妥当だろうか？　もしあなたがチェーンストアの経営者ならば、どの町でも新規店と協調するだろうか？　完全均衡を提唱したゼルテンは、最後に近い町、例えば町18から町20のゲームでは、逐次合理性の論理にもとづく行動は説得力があるが、他の町のゲームではそうではないと指摘した。

　例えば、町1から町17のゲームでは、市場に参入した事業家に対立的な行動をとり、町18から町20では事業家と協調するチェーンストアの戦略を考えよう。この戦略のねらいは、ある町で市場に参入した事業家と対立すれば、将来の町の事業家の間に「チェーンストアは新規店と対立するらしい」という評判が広まり、事業家が市場に参入しなくなることである。評判のメカニズムを利用するので、この戦略を評判戦略と呼ぶ。

　チェーンストアが評判戦略をとるとしよう。町1の事業家は、合理的な行動として市場に参入する。チェーンストアは事業家と対立するので利得は0である。次の町2の事業家は、どのような行動を選択するだろうか？　事業家は町1のゲームの結果を知るので、もし市場に参入したら、町1と同じくチェーンストアは対立する行動をとるのでは、と考えるのは自然である。もしそうであれば、事業家は市場に参入しない方がよい。このとき、チェーンストアは町2では独占利得5を得ることができる。

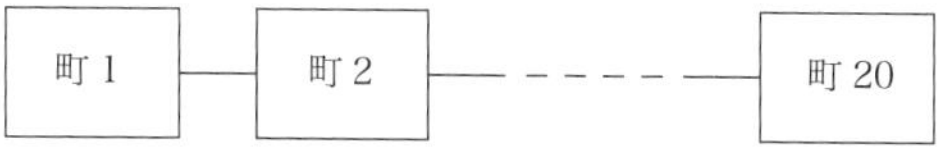

図4-8　チェーンストアと20人の投資家のゲーム

もし町2から町17までの16人の資産家のうち少なくとも7人が対立的なチェーンストアの評判を恐れて市場に参入しなければ、チェーンストアは完全均衡の利得40より大きな41（=7×5+2×3）以上の利得が得られる。さらに、町18から町20の資産家が参入しないことも予想できる。

後向き帰納法による合理的な行動の計算では、事業家の行動はゲームの過去のプレイに無関係にただ1つに確定する（市場に参入する）ので、完全均衡での事業家の行動はチェーンストアの過去の行動に影響を受けない。一方、チェーンストアの評判戦略は、事業家の行動がチェーンストアの過去の行動に影響を受けることを考慮したものである。

完全均衡戦略と評判戦略のうち、チェーンストアの行動としてはどちらが「現実的に」もっともらしいだろうか？　完全均衡の提唱者であるゼルテン（と彼の多くの同僚）は、評判戦略であると考えた。筆者が、大学の授業で受講生に質問したところ、41人中17人が完全均衡戦略、23人が評判戦略と答えた。読者の判断は、どうだろうか？

合理的行動としての完全均衡の概念には論理的な欠陥がみつからないが、多くの人は現実的にもっともらしいとは考えない。ゼルテンは、この矛盾を「チェーンストア・パラドックス」と呼んだ。ゼルテンは、パラドックスは、現実の人間は完全均衡が想定するような合理性をもたないことに起因すると論じた。チェーンストア・パラドックスの発見以後、ゲーム理論の分野では、現実の人間がもつ限定的な合理性（「人間的な合理性」とも呼ばれる）の研究が活発に行われている。

赤い帽子をかぶった3人の女の子

情報がプレイヤーの認識や意思決定に影響を及ぼす2つの例を紹介しよう。最初の例は、相互認識に関わるものである（Geanakoplos 1994）。

いま、3人の女の子が丸いテーブルを囲んですわっている。3人とも赤い帽子をかぶっていて、それぞれは他の2人が赤い帽子をかぶっていることを知っている。しかし、自分の帽子の色はみえず、赤い帽子か白い帽子をかぶっていることしか知らない。先生が部屋に入ってきて、3人にかぶっている帽子の色を聞いたが、3人とも「わからない」と答えた。すると、先生は、「この部屋には赤い帽子をかぶっている女の子が少なくとも1人いる」というヒントをくれ、再び、順番に3人にかぶっている帽子の色を聞いた。最初と2番目の女の子は「わからない」といった。それを聞いた最後の女の子は、自信をもって「赤い」と答えた。先生のヒントは、すでに3人とも知っていたのに、どうして3番目の女の子は、自分の帽子の正しい色がわかったのだろうか？

3番目の女の子の推理は、次のようである。

「もし私の帽子の色が白だったら、2番目の女の子は次のように推論するはずだわ。」

「3番目の女の子の帽子の色は白だけど、もし私の帽子の色も白だったら、1番目の女の子は先生のヒントから、自分の帽子の色が赤いと確信するはずだわ。でも、わからないと答えたから、私の帽子の色は赤だわ。」

状態	①	2	3	4	5	6	7	8
女子1	R	W	R	W	R	W	R	W
女子2	R	R	W	W	R	R	W	W
女子3	R	R	R	R	W	W	W	W

表4-2　8個の状態（①が真の状態）

しかし、2番目の女の子も「わからない」と答えたので、3番目の女の子は自信をもって自分の帽子の色は赤いと答えたのである。

先生がヒントをくれる前に、3人の女の子は、すでに「この部屋には赤い帽子をかぶっている女の子が少なくとも1人いる」事実を知っていたが、先生のヒントによってこの事実が3人の間で「知識の知識」という高次の相互知識となった。1番目の女の子がヒントの事実を知ることを、2番目の女の子が知ることを、3番目の女の子が知るようになった。

女の子の推理は、情報集合のモデルを用いて次のように定式化できる。赤い帽子をかぶっている状態をR、白い帽子をかぶっている状態をWと表すと、3人の女の子の状態の組み合わせは、**表4-2**の8通りである。状態①が真であるが、3人ともこのことを知らない。

1番目の女の子は他の2人の帽子の色を知るが自分の帽子の色を知らないから、4つの情報集合{①, 2}, {3, 4}, {5, 6}, {7, 8}をもつ。同じように、2番目の女の子は、4つの情報集合{①, 3}, {2, 4}, {5, 7}, {6, 8}をもつ。3番目の女の子は、4つの情報集合{①, 5}, {2, 6}, {3, 7}, {4, 8}をもつ。

いま、先生のヒントによって、全員が状態8は真でないことを知った。もし状態7が真であれば、1番目の女の子は情報集合{7, 8}をもつ（真の状態が7または8であることを知る）から、状態7が真であると推論し、自分の帽子の色が赤いとわかる。しかし、1番目の女の子は「わからない」と答えたので、状態7は真でない。2番目の女の子もこのことを知る。2番目の女の子は情報集合{5, 7}をもつので、状態5が真であれば、そのことを推論し、自分の帽子の色がわかるはずである。しかし、2番目の女の子も「わからない」と答えたので、状態5は真でない。3番目の女の子もこのことを知る。一方、3番目の女の子は、他の2人の帽子の色は赤いと知っているので、情報集合{①, 5}の中の状態①か状態5が真であることを知っている。さらに、状態5が真でないことが推論できるので、自信をもって状態①が真である、すなわち、自分の帽子の色は赤いと答えた。

モンティ・ホール問題

赤い帽子をかぶった3人の女の子の例では、先生がくれた情報が女の子の認識を変えた。次に、情報がプレイヤーの行動を変える例を紹介しよう(Binmore 2007)。

アメリカのクイズ番組「レッツ・メイク・ア・ディール」では、司会者のモンティ・ホールが出演者とゲームをする。3つの扉A、B、Cがあり、1つの扉の後ろに100万円の賞金が隠されている。ただし、賞金のある扉はランダムに選ばれていて、司会者だけが賞金のある扉を知っている。ゲームのルールは、次のようである。

(1) 最初に、出演者が1つの扉を選ぶ。
(2) 次に、司会者は残っている2つの扉のうちで賞金のない扉を開ける。2つとも賞金がなければ、

1つの扉をランダムに開ける。

(3) 出演者は、扉の選択を変えるかどうかを決める。

(4) 最後に、司会者が選択された扉を開けて100万円があれば、出演者は賞金をもらえる。

このゲームは、モンティ・ホール問題と呼ばれている。司会者が扉を開けた後で、出演者は扉の選択を変えるべきだろうか？

直感的に考えてみよう。出演者が扉Aを選ぶとする。扉Aの後ろに賞金がある確率は1/3である。もし司会者が賞金のない扉Bを開けるならば、賞金は扉Aか扉Cの後ろにある。それぞれの確率は等しく1/2のはずなので、出演者は扉を変える必要がない（変えてもいいが、賞金がもらえる確率は同じである）。

この直感が正しいかどうか、ゲーム・ツリーのモデルを使って調べてみよう。ゲーム・ツリーは、図4-9で描かれている。ゲーム・ツリーの分岐点は、出演者と司会者の手番を表す。枝の記号は選択する扉を表し、枝につけられている数字は、枝が選ばれる確率を示す。分岐点を囲む集合は、プレイヤーのもつ情報集合である。

図4-9のゲームの進行は、次のようである。

最初に、出演者が3つの扉A、B、Cのうち1つを選ぶ。図4-9は、扉Aを選んだ後のゲーム・ツリーを描いている。

次に、3つの扉A、B、Cのうち賞金のある扉がランダムに決められる。ゲーム・ツリーをみやすくするために、出演者が扉を選んだ後に賞金の扉がランダムに選ばれるとしている。ゲームの説明のよう

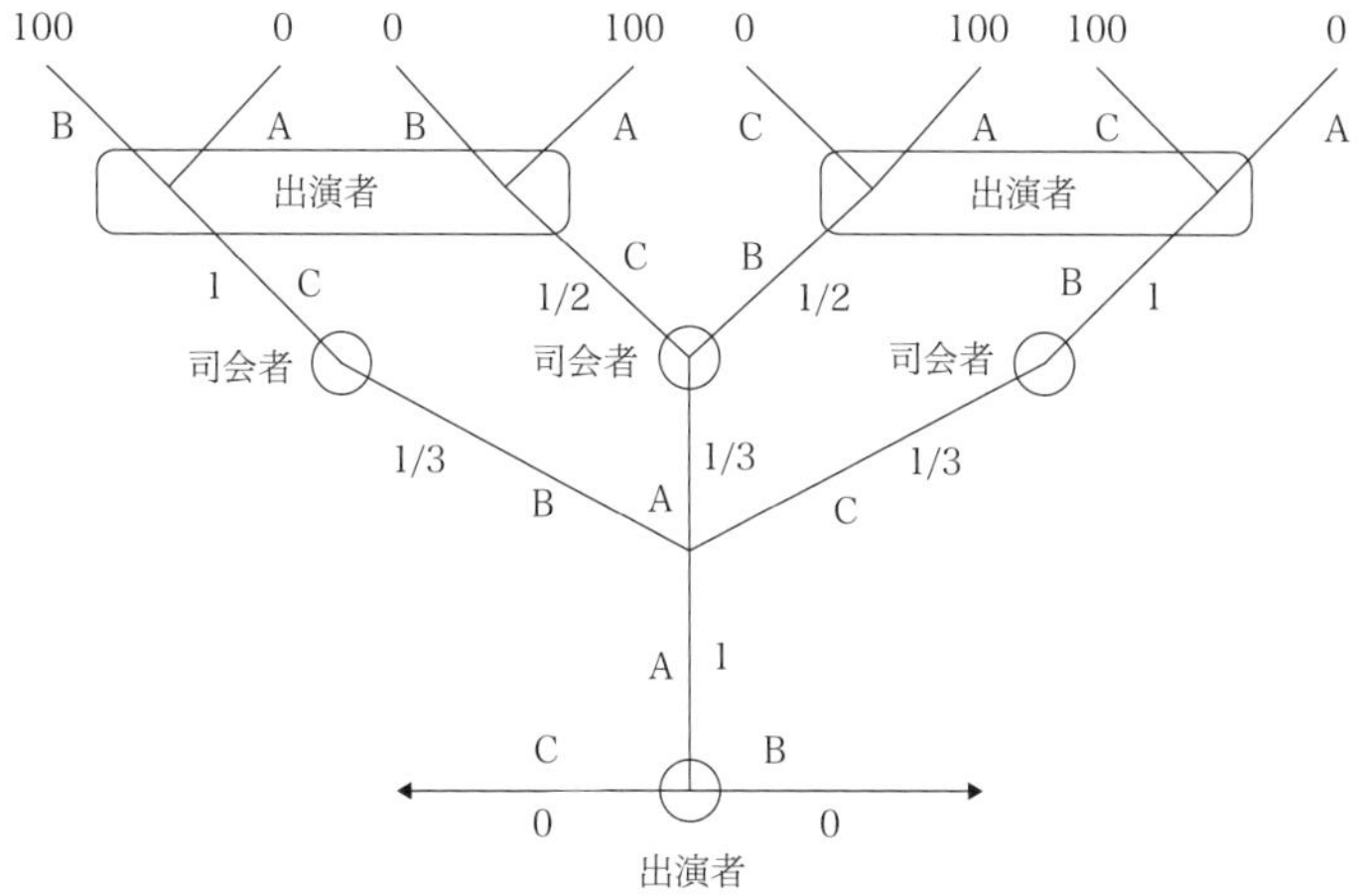

図4-9　モンティ・ホール問題

に、賞金の扉がランダムに選ばれた後で出演者が扉を選ぶとしても議論は変わらない。

さらに、司会者がルールに従って、残りの2つの扉（BまたはC）のうちで賞金のない扉を開ける。例えば、扉Cに賞金があれば、司会者は扉Bを開ける。扉Aに賞金があれば、司会者は扉BとCを確率1/2で開ける。

最後に、出演者は2つの情報集合をもち、扉を変更するかどうかを選択する。例えば、扉Cに賞金があり司会者が扉Bを開ける場合、出演者の右の情報集合に到達し、出演者は扉A（扉を変えない）か扉C（扉を変える）を選ぶ。ツリーの頂点の上に、出演者の賞金が与えられている。

司会者が扉Bを開けたとき（右の情報集合に到達したとき）の出演者の最適行動を求めてみよう。出演者は、情報集合の中のどの手番にいるか、すなわち、賞金が扉Aと扉Cのどちらにあるかを知らないが、それぞれの確率を計算できる。

賞金が扉Aにある確率（情報集合の中の左の手番にい

る確率）は、1/3×1/2＝1/6である。賞金が扉Cにある確率（情報集合の中の右の手番にいる確率）は、1/3×1＝1/3である。司会者が扉Bを開けたとき、賞金が扉Cにある確率は扉Aにある確率の2倍であるから、出演者は扉の選択を変えるべきである。

この章で登場した条件付き確率のベイズの公式（本書80頁）を用いると、司会者が扉Bを開けるとき、賞金が扉Aにある条件付き確率は1/6÷（1/6+1/3）＝1/3であり、賞金が扉Cにある条件付き確率は1/3÷(1/6+1/3)＝2/3である。出演者が扉を変えないときの賞金の条件付き期待値は100/3であり、扉を変えるときの賞金の条件付き期待値は200/3である。したがって、出演者の最適行動は扉を変えることである。司会者が扉を開ける前は、出演者の賞金の事前予想はどの扉も確率1/3であったが、司会者が扉Bを開けた後は、出演者の賞金が扉Cにある事後予想の確率は2/3に増加する。

逆選択とモラル・ハザード

すべてのプレイヤーが同じ情報をもつことはまれである。一般に、プレイヤーは自分だけしか知らない個人情報を利用して意思決定する。個人情報のあるゲームは、プレイヤーのもつ情報が対称でないため、非対称情報ゲームと呼ばれる。非対称情報は、社会や経済にさまざまな問題を引き起こすことが知られている。典型的な問題が、逆選択とモラル・ハザードである。

逆選択とは、次のような現象である。保険の加入者がどれくらい慎重であるかは本人しか知らない個人情報であり、保険会社は知らない。そのため、保険会社は事故を起こしやすい加入者の存在を考慮して保険料を高めに設定する。これによって、事故率の低い個人は、保険料が高いので保険に入るインセンティブがなくなり、事故率の高い個人だけが保険に入るようになる。このことを合理的に予想すると、保険会社は保険料をさらに高く設定する。この結果、ますます事故率の高い個人しか保険に入らなくなり、保険そのものが成り立たなくなる。本来、事故率の低い多数の個人のリスクを保険会社が負担し、個人と保険会社の双方が利益を得る仕組みである保険が、情報の非対称性のために事故率の高い個人を〝逆選択〟することになってしまう。

モラル・ハザードは、保険会社が加入者の行動を観察できないことで生じる現象である。個人は、保険に入ることで安心し、不注意になる危険がある。多くの人が不注意になり事故率が上がると、保険会社は保険料を上げざるをえなくなる。これによって、保険に加入する人が減り、保険の制度が機能しなくなる危険がある。この現象を、モラル・ハザードという。もし加入者の行動を保険会社が観察でき、注意の有無に応じて保険内容を設定できれば、モラル・ハザードを防げる。モラル・ハザードの主な原因は、個人の道徳意識の欠如ではなく、加入者の行動を保険会社が観察できないという非対称情報の存在である。

レモン市場

逆選択の現象は、保険市場だけでなく市場の取引全般に起こりうる。売り手だけしか財の品質を知らないような非対称情報のある市場では、社会的余剰が最大となる（パレート最適な）資源配分を実現するという市場の本来の機能が成立しないことが知られている。

中古車市場の例でこのことをみてみよう。アメリカでは、個人間で中古車の売買が日常的に行われている。車の所有者は中古車の品質を知っているが、買い手は外見からはわからない。口語英語で欠陥車をレモンという。買い手は財の品質を知らないので、市場では品質の高い車もレモンも同じ価格で取引される。買い手はレモンを買ってしまうリスクを考慮して、低い価格でしか中古車を買わなくなる。一方、品質の高い車の所有者は、レモンと同じ低い価格でしか売れないのを嫌って車を市場で売ることをやめる。買い手が売り手の行動を合理的に予想すれば、市場で出回っている中古車はレモンである確率が高いと判断し、さらに低い価格でしか買わなくなる。最後は、レモンしか市場で取引されなくなる。

もし中古車の品質の情報を買い手も利用できるならば、品質の高い中古車も市場で取引されるはずである。情報の非対称性のため、レモンだけが取引されるという逆選択が起こる。

チープトーク

中古車の品質が売り手から買い手に正しく伝われば、レモン市場の逆選択は解決できる。一般に、コミュニケーションは非対称情報の問題を解決するための有効な手段である（コラム6）。どのような条件の下でプレイヤーの間のコミュニケーションが意味のある情報を伝達し、非対称情報の問題が解決されるだろうか？ コミュニケーションの基本形として、送り手はどんな情報もコストなしで自由に受け手に送ることができる状況を考える。送り手はたとえ偽りの情報を送ったとしてもいかなる罰則も受けない。受け手は送り手の情報を自由に解釈できる。このようなコミュニケーションをチープトークという。

ビジネスの世界では、コミュニケーションが重視される。企業などの組織では、構成員の間のコミュニケーションが組織の活動には欠かせない。

次のような経営者と労働者のゲームを考えよう（Farrell and Rabin 1996）。経営者は、労働者を研究職（R）か営業職（B）のいずれかのポストに配属させたい。研究職は製品開発の高い専門知識を必要とする。労働者の専門知識が高い（タイプH）場合は、営業職より研究職に就いた方が労働者と経営者双方にとって望ましい。労働者の専門知識が低い（タイプL）場合は、研究職より営業職に就いた方が労働者と経営者双方にとって望ましい。労働者の知識のタイプと経営者の意思決定の組み合わせに対して、労働者と経営者の利得は**表4-3**のようである。表の各マスの左の数字が労働者の利得、右の数字が経営者の利得である。

労働者のタイプ＼職種	研究職（R）	営業職（B）
高い専門知識（H）	2，1	0，0
低い専門知識（L）	0，0	1，3

表4-3　経営者と労働者の配属ゲーム

経営者は労働者の専門知識のレベルを知らず、専門知識が高い労働者の割合を5割と推定している。経営者の期待利得は、労働者を研究職に配属させると1/2であり、営業職に配属させると3/2であるから、経営者の最適な意思決定は労働者を営業職に配属させることである。このとき、高い専門知識をもつ労働者が営業職に配属されるというミスマッチの可能性（確率1/2）があり、労働者と経営者双方にとって望ましくない結果が生ずる。もし経営者が労働者のタイプを事前に知るならば、配属のミスマッチを避けることができる。

非対称情報の問題を解決するために、労働者が経営者に自分のタイプを伝えるチープトーク・ゲームを考える。労働者は2つのメッセージ、「高い専門知識を

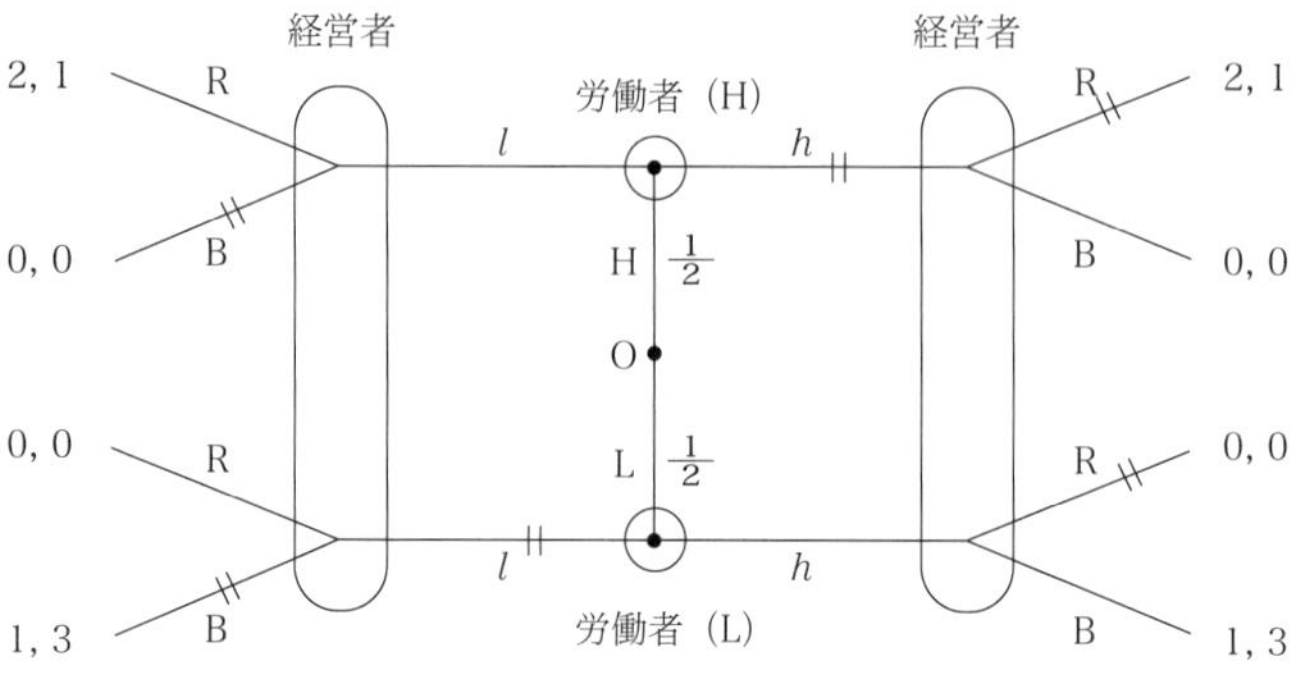

図4-10　チープトーク・ゲーム

もつ」（h）と「低い専門知識をもつ」（l）のいずれかを経営者に伝える。労働者のメッセージを聞いた後で、経営者は労働者の配属先を選ぶとする。このゲームは、**図4-10**のゲーム・ツリーで定式化される。

図4-10の見方は、次のようである。最初に、初期点Oで労働者の2つのタイプ、「高い専門知識をもつ」（H）と「低い専門知識をもつ」（L）、が経営者の事前予想に従って確率的に定まる。枝の数字は、事前予想の確率を表す。次に、労働者は自分のタイプを知った上でメッセージを経営者に伝える。労働者がメッセージhを伝えれば、経営者の右の情報集合が到達される。枝Rは労働者を研究職に配属し、枝Bは営業職に配属することを意味する。経営者は、労働者の真のタイプを知らずに配属先を選択する。労働者がメッセージlを伝えれば、経営者の左の情報集合が到達される。ゲーム・ツリーの各終点の2つの数字は、左の数字が労働者の利得、右の数字が経営者の利得を表す。経営者は意思決定をするとき、情報集合の中のどの手番にいるかを知らないので、**図4-10**のゲームは不完全情報ゲームである。労働者のメッセージは、労働者と経営者の利得に直接的な影響をもたない。

労働者が自分の真のタイプを正しく経営者に伝える状況を考え、タイプHはメッセージhを送り、タイプLはメッセージlを送るとする。経営者が労働者からメッセージhを受けるとき、右の情報集合が到達される。労働者の戦略からメッセージhを伝える労働者はタイプHだけであるから、経営者は労働者の真のタイプをHと推論できる。したがって、経営者の最善の選択は、労働者を研究職に配属することである。同じ議論により、経営者が労働者からメッセージlを受けるとき、経営者は労働者の真のタイプをLと推論でき、労働者を営業職に配属する。

経営者が、「メッセージhを送る労働者を研究職に配属し、メッセージlを送る労働者を営業職に配属する」とき、労働者が自分の真のタイプを伝える戦略は最適応答である。労働者と経営者の戦略は、互いに最適応答であるから、図4-10のチープトーク・ゲームのナッシュ均衡である。図4-10では、ナッシュ均衡の行動が二重線で示されている。

以上の議論から、不完全情報ゲームでの合理的な選択の公準が導かれる。

公準4-2　不完全情報ゲームでは、最後の手番からプレイヤーの最適行動を求める。ただし、プレイヤーは情報集合の中の手番について事後予想を形成し、事後予想と将来の戦略に対して最適な行動を選択する。

公準4-2は、完全情報ゲームの公準4-1（逐次合理性）を一般化し、「一般化された逐次合理性の原理」と呼ばれる。不完全情報ゲームでも、プレイヤーの合理的選択は逐次合理性をみたす必要がある。

しかし、不完全情報ゲームでは、プレイヤーは情報集合の中のどの手番にいるかを知らないので、どの手番にいるかを合理的に予想しなければならない。

プレイヤーの事後予想と最適行動の求め方は、次のようである。最初に、事前予想と他のプレイヤーが用いる戦略を基に、情報集合以前の各プレイが起きる確率を計算する。次に、ベイズの公式を用いて、情報集合が到達されるときの各手番の条件付き確率を求める。各手番の事後予想は条件付き確率と等しい。最後に、事後予想と将来の手番での戦略を基に、情報集合の各行動の条件付き期待利得を求める。条件付き期待利得を最大にする行動が、プレイヤーの情報集合での最適な行動である。

ナッシュ、ハーサニとゼルテンの均衡理論

ナッシュは、時間の構造がない同時手番ゲームを考え、ナッシュ均衡の概念を提唱した。ゼルテンは、時間に沿って進行するゲームにナッシュ均衡を拡張し、公準4-1をみたす完全均衡の概念を定式化した。さらに、完全均衡は、公準4-2によってハーサニが定式化した不完全情報と知識を含むゲームにも適用される。公準4-2をみたすナッシュ均衡を、とくに完全ベイジアン均衡という。ハーサニのモデルでは、ベイズの公式で求まるプレイヤーの事後予想を明示的に扱うので、完全均衡はとくに完全ベイジアン均衡と呼ばれる。ナッシュ、ハーサニとゼルテンの研究によってゲームの均衡理論の基礎が確立し、1980年代にはゲーム理論は社会科学が対象とするさまざまな社会状況の分析に応用できるようになった。ナッシュ、ハーサニとゼルテンは1994年にノーベル経済学賞を受賞した。

意味のあるチープトークの可能性

図4-10のチープトーク・ゲームに戻ろう。労働者が真のタイプを経営者に伝えるとき、経営者は労働者のメッセージから労働者のタイプを合理的に推論し、労働者を最適な職場に配属することができる。経営者が労働者を最適な職場に配属するとき、労働者は偽りのメッセージを伝えるインセンティブをもたない。経営者と労働者の戦略は、完全均衡である。労働者は真のタイプを伝え、経営者は労働者のメッセージから真のタイプを知り、労働者を最適な職場に配属できる。

このように、プレイヤーがコストをかけずに自由にメッセージを送るチープトークでも、送り手の情報が正しく受け手に伝わり、意味のあるコミュニケーションが可能である。

バブリング均衡

しかし、チープトーク・ゲームには複数均衡の問題がある。図4-10のゲームで、経営者が労働者のメッセージを一切無視する状況を考えよう。このとき、労働者はメッセージを伝えても意味がないので、どんなメッセージを送るかは重要でなくなる。例えば、労働者がタイプに関係なくメッセージhを送るとする。このとき、メッセージhを受けても経営者は労働者のタイプについて事前予想以上の情報を得られないので、事前予想の下で最適行動を選ぶ、すなわち、労働者を営業職に配属する。

労働者がタイプに関係なくメッセージlを送るという反事実的事象で、経営者がどのように行動するかに依存する。反事実的事象の確率はゼロであるから、ベイズの公式は使えない（分母がゼロだから）。もし労働者がメッセージhを送ることが最適かどうかは、かりに労働者がメッセージlを送る場合で

労働者のタイプ ＼ 職種	研究職（R）	営業職（B）
高い専門知識（H）	2，1	0，0
低い専門知識（L）	2，0	1，3

表4-4　経営者と労働者の配属ゲーム
（全員が研究職を希望するゲーム）

も、経営者が事前予想を変えずに労働者を営業職に配属させるならば、労働者はどんなメッセージを送っても利得は等しいので、タイプに関係なくメッセージ*h*を送ることは最適である。

労働者がタイプに関係なく同一のメッセージを送り、経営者はメッセージに関係なく事前予想の下での最適行動を選択する状況も完全均衡である。この完全均衡はバブリング均衡と呼ばれている。労働者のメッセージは経営者にいかなる意味も伝えることができず意味不明（バブリング）な〝むにゃむにゃ〟でしかないので、このような名前がついている。

シグナリング

次に、**表4-4**のように、研究職の賃金が高く、専門知識の低い労働者も研究職に配属されたとき利得2を得るとする。他の利得はすべて**表4-3**と同じである。このとき、専門知識の低い労働者も自分のタイプを偽ってメッセージ*h*を送ろうとするので、チープトークでは意味のあるコミュニケーションが可能でない。

このような場合、労働者は、チープトークではなくコストのかかるシグナルを経営者に送って自分のタイプを伝えることを考えるだろう。一般に、相手にシグナルを送って自分のタイプを知らせる行為をシグナリングという。

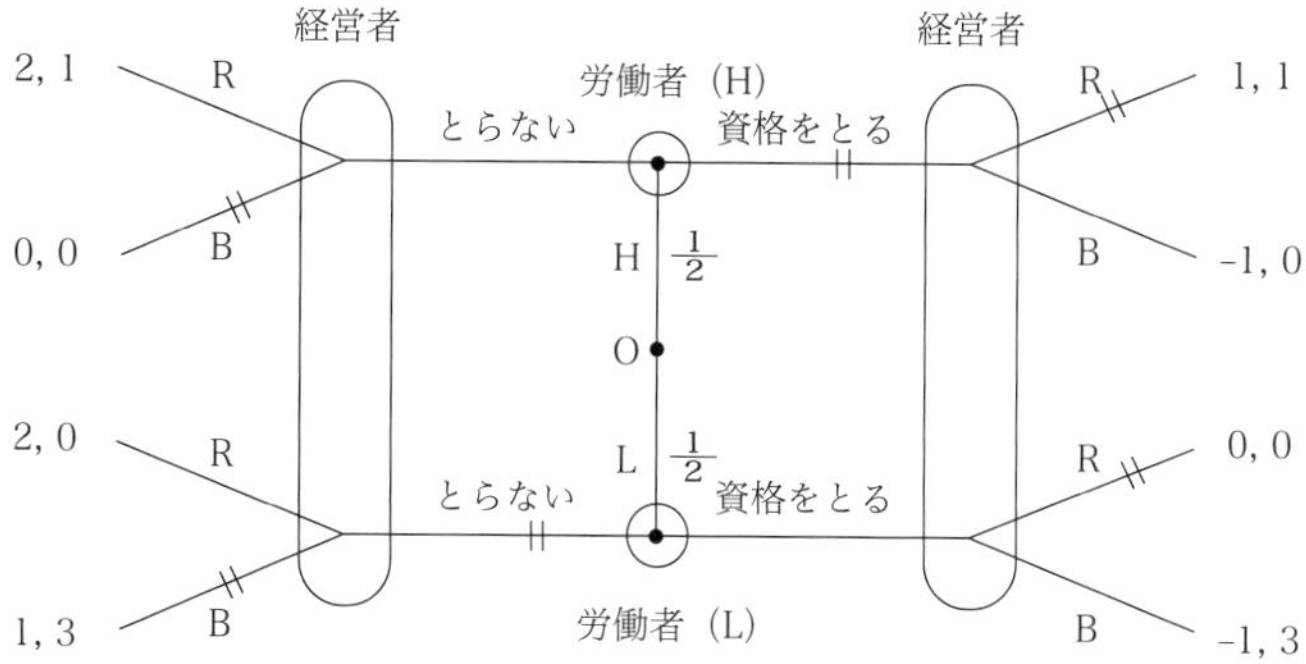

図4-11　シグナリング・ゲーム

いま、労働者は研究職に必要な資格をとり、資格証明書を経営者に提出することができるとする。ただし、資格をとるためにコストがかかり、タイプHの労働者のコストは1だが、タイプLの労働者のコストは2とする。新しいゲーム・ツリーは、図4-11のようになる。資格をとる労働者の利得からコストが引かれている。

図4-11のゲームでは、タイプHの労働者だけが資格をとり、経営者は資格をとった労働者だけを研究職に配属する状態は、完全均衡である。図4-11で、完全均衡で選択される枝が二重線で示されている。資格をとるコストが大きいので、タイプLの労働者は資格をとらない。タイプHの労働者だけが資格をとる。これより、経営者は資格をとったかどうかで労働者のタイプがわかり、資格をとった労働者（タイプH）を研究職に配属し、資格をとらない労働者（タイプL）を営業職に配属する。経営者の戦略に対して、タイプHの労働者は資格をとり、タイプLの労働者は資格をとらないことが最適である。

上の完全均衡では、コストのかかるシグナリングによって労働者の真のタイプが経営者に伝わる。経営者は労働者の行動からそのタイプを判定でき、労働者を〝分離〟できるので、このような均衡を分離均衡という。

チープトーク・ゲームのバブリング均衡に対応する完全均衡も存在する。この完全均衡では、(1)どのタイプの労働者も資格をとらない、(2)経営者は、労働者が資格をとったかどうかにかかわらず、労働者を営業職に配属する、(3)経営者の事後予想は、労働者が資格をとったかどうかにかかわらず、事前予想と同じである。この均衡は、労働者の行動から経営者は労働者のタイプを判定できないので、一括（プーリング）均衡と呼ばれている。

スクリーニング

シグナリングは、個人情報をもつプレイヤーが相手プレイヤーにシグナルを送って自分の情報（タイプ）を伝えようとする行為である。逆に、プレイヤーが相手の個人情報を引き出そうとする行為を、スクリーニングという。

表4-3のゲームを再び考えよう。経営者がポストのメニュー（研究職と営業職）を労働者に示して、労働者が好きなポストを選ぶとする。専門知識の高い労働者は研究職を選び、専門知識の低い労働者は営業職を選ぶので、経営者は労働者の選択から労働者のタイプがわかる。ポストのメニューを提示することで、経営者は労働者をスクリーニングできる。

スクリーニングがいつも可能とは限らない。**表4-4**のように、どの労働者も研究職を希望する場合は、ポストのメニューを提示するだけでは経営者は労働者をスクリーニングできない。経営者は、ポストと賃金の組み合わせをオファーする工夫が必要である。

いま、経営者は労働者にオファーする選択肢のメニューとして、(1)研究職と営業職、(2)研究職と営業職プラス特別賃金1・5、の2つを考える。労働者の5割は、高い専門知識をもつとする。経営者がメニュー(1)を選べば、いずれの労働者も研究職を選ぶから、経営者の期待利得は0・5である。経営者がメニュー(2)を選べば、表4-4は表4-5のように変わる。営業職に特別賃金1・5が支払われる。労働者の選択はどうだろうか？　営業職の特別賃金1・5があっても、専門知識の高い労働者は研究職を選ぶ。専門知識の低い労働者は、特別賃金1・5があるので営業職を選ぶ。このとき、経営者の利得は確率1/2で利得1、確率1/2で利得1・5であるので、期待利得は1・25である。したがって、経営者はメニュー(2)を労働者にオファーすることが最適である。その結果、経営者は労働者をスクリーニングすることができる。

労働者のタイプ ＼ 職種	研究職（R）	営業職（B）
高い専門的知識（H）	2, 1	1.5, −1.5
低い専門的知識（L）	2, 0	2.5, 1.5

表4-5　経営者と労働者の配属ゲーム（営業職に特別賃金1.5を支払う場合）

勝者の災い

逆選択やモラル・ハザードなど非対称情報が存在するゲームでは、プレイヤーは相手が個人情報をもつことを考慮して意思決定しなければならない。ゲームにおける情報と意思決定の関係は複雑である。わたしたちは相手が情報をもつことを正しく認識した上で合理的な意思決定をすることができるだろうか？

次のような問題を考えよう。

問題

投資家が、株式公開買い付け（TOB）によって企業を買収する。企業はあるプロジェクトを推進していて、プロジェクトが成功すれば1年後の株価は100円になるが、失敗すれば0円になる。企業の株価は0円から100円までのすべての値を等確率でとりうる。企業の株価がx円のとき、投資家にとって企業価値は1株あたり$1.5x$円である。ただし、投資家は、プロジェクトの結果がわかる前に1株あたりの買収価格を企業に提案しなければならない。企業の経営者は、プロジェクトが終了し企業の株価を知った後で、買収の提案に返答できる。経営者は、買収価格が株価を上回るときだけ買収に応じる。

もしあなたが投資家ならば、1株あたりどんな買収価格を提案しますか？

企業の株価が50円であるとき、投資家にとっての価値は75円である。投資家が株価を知った上で買収価格を提案できれば、買収価格は50円以上で75円以下である。しかし、投資家は株価を知る前に、買収価格を提案しなければならない。

例えば、投資家が60円を提案するとする。もし株価が70円であれば、企業の経営者は買収の提案を拒否する。株価が60円以下のときだけ、経営者は買収の提案を受け入れる。もし株価が50円であれば、投資家の利益は1株あたり15（=75−60）円である。しかし、もし株価が10円であれば、投資家は1株あたり45（=15−60）円の損失を被る。

企業買収やオークションで価値以上の高値をつけたために勝者が損失を被ることを、「勝者の災い」

という。勝者の災いは、他のプレイヤーがもつ情報を考慮しないで意思決定することが原因で起きる。

企業買収の例で、投資家がp円の買収価格を提案するとき、経営者は株価の情報をもつので、株価がp円以下のときだけ買収を受け入れる。株価がp円より大きいとき、買収は拒否されるので、投資家は株価がp円以下のときの利益を考慮しなければならない。株価は0円から100円の間で一様に分布するので、p円以下のときの株価の条件付き期待値は$p/2$円である。したがって、投資家にとっての期待価値は$3p/4$円である。これは、提案価格p円より小さいので、買収によって損をする。最適な買収価格は0円である！

0円が最適な買収価格であることは、次のように考えることもできる。p円の買収価格を提案するとき、株価が$2p/3$円とp円の間のときだけ投資家にとって利益がある。それ以外は、株価が$2p/3$円以下であれば損失を被るし、株価がp円以上であれば買収を拒否される。株価は0円から100円の間で一様に分布するので、損失を被る確率は利益を得る確率の2倍である。したがって、どんな正の買収価格を提案しても投資家の期待利益はマイナスである。

アメリカのビジネススクールの大学院生69人が企業買収のゲームを20回プレイした結果が報告されている（Ball他1991）。最適な買収価格を学習した被験者は5人だけであり、全体の7％にすぎなかった。買収価格の平均値は52・61であった。

実験結果は、勝者の災いの現象が頻繁に起こることを示している。不確実性がある状況では、相手が個人情報をもつことを考慮して合理的な意思決定を行うことは難しい。

コラム6　コミュニケーション

非対称情報の問題の解決手段にコミュニケーションがある。わたしたちは、あいさつ、おしゃべり、雑談などの非公式な会話、就職のための面接や公式な会議での演説などさまざまなタイプのコミュニケーションを行う。コミュニケーションは、意味のある情報が送り手から受け手に伝達されることで成立する。送り手が伝えたい情報を受け手に正しく伝達できるかどうかは、難しい問題である。送り手は情報を偽って伝えるインセンティブをもつことがある。また、送り手が真の情報を伝達しても、受け手が情報の意味を間違ってとらえてしまうこともある。

保険の逆選択の例では、事故率の低い個人は、保険を購入するときに事故率が低いことを保険会社に伝えたい。しかし、事故率の高い個人も同じインセンティブをもつので、保険会社は加入者が申告する情報を信用することができない。

第5章　協力の可能性

要点

●囚人のジレンマや公共財ゲームでは、個々のプレイヤーにとって合理的な行動が、社会全体にとって望ましくない帰結をもたらす。
●繰り返しゲームでは、「協力には協力、非協力には非協力」という互恵性にもとづく戦略によって協力が可能である。
●人びとは、互いの自由を制限する社会ルールを自発的に構築し協力できる。

囚人のジレンマ

有名な「囚人のジレンマ」は、プリンストン大学の数学者アルバート・タッカーにより考案された非ゼロ和2人ゲームであり、社会における対立と協力の問題を考察する基本モデルである。ゲームは、次のような状況を描写する。

重大な犯罪（銀行強盗など）を犯した2人の容疑者が、隔離された部屋で別々に取り調べを受けている。検事は犯罪について十分な証拠をつかんでいないが、銃の不法所持の余罪で2人を起訴できる。検事は、隔離されている2人に、次のように言った。

「お前たちの選択は、罪を自白するか黙秘するかだ。もし2人とも自白すれば、犯罪が確定し、ともに8年の懲役刑を受ける。もし2人とも黙秘すれば、犯罪は立証されないが、銃の不法所持で2人はともに1年の懲役刑を受ける。もし一方だけが自白すれば、共犯証言の制度により、自白した者は3カ月の軽い刑となる。ただし、自白しなかった者は、最も重い10年の刑となる。」

ゲームのプレイヤーは、2人の囚人（容疑者）である。プレイヤーの戦略と結果の関係は、**表5-1**のようになる。

囚人1 ＼ 囚人2	黙秘	自白
黙秘	1年，1年	10年，3カ月
自白	3カ月，10年	8年，8年

表5-1　囚人のジレンマ

2人の囚人は別々の部屋に隔離されているから、相手と相談できない。囚人は、4つの起こりうる結果、（2人とも1年）、（2人とも8年）、（自分は3カ月、相手は10年）、（自分は10年、相手は3カ月）を評価（選好順序）して、とるべき戦略を決めなければならない。囚人は、自分の刑期をできるだけ短くしたいが、相手を裏切ることへの心理的葛藤もあるかもしれない。

囚人は利己的であり、自分の刑期を短くすることしか関心がないとする。4つの可能な結果に関する囚人の選好順序は、望ましい順から

（自分は3カ月、相手は10年）＞（2人ともに1年）＞（2人ともに8年）＞

（自分は10年、相手は3カ月）

である。囚人の選好順序に従って、4つの可能な結果に、序数的効用の例として7、5、1、0を対応させると、**表5-1**は**表5-2**のような利得表に変換される。**表5-2**では、戦略Cは「黙秘」を表し、戦略Dは「自白」を表す。記号Cは協力（cooperation）、記号Dは裏切り（defection）の略である。

利己的で合理的な囚人にとって、最適な戦略は何だろうか？ **表5-2**から、それぞれの囚人にとって「自白」戦略は「黙秘」戦略より優位（第3章）であることがわかる。相手の戦略が何であっても「自白」戦略による利得が「黙秘」戦略による利得より大きい。したがって、合理的選択の公準3-1（第3章）より、囚人の合理的な戦略は「自白」である。2人が「自白」する状態は、ゲームのただ1つのナッシュ均衡である。この結果、銀行強盗の犯罪が確定し、2人の刑期は8年となる。

囚人のジレンマは、「相手の行動にかかわらず、協力しないことが合理的である」社会状況のモデルである。

1 ＼ 2	C	D
C	5, 5	0, 7
D	7, 0	1, 1

表5-2　囚人のジレンマの利得表

個人合理性と集団合理性の矛盾

しかし、合理的な戦略の帰結は、2人の囚人にとって悪い。もし2人が協力して黙秘すれば、1年の刑期で済む。2人が黙秘することは、ともに自白するナッシュ均衡よりパレート優位（第3章）である。囚人にとっては、前者の方が後者より望ましい。
「自白」戦略は、個々の囚人の視点からは合理的な戦略であるので、個人合理的な戦略と言われる。しかし、2人が「自白」戦略をとるナッシュ均衡は、パレート最適ではない。2人が協力して「黙秘」戦略をとることがパレート最適である。「黙秘」戦略は、囚人の集団の視点からは合理的なので、集団合理的な戦略と言われる。囚人のジレンマは、個人合理的な戦略と集団合理的な戦略が相反することを示している。

では、囚人は、どちらの戦略をとればいいだろうか？　2人が個人合理的な戦略をとれば、8年の刑期という望ましくない結果となる。もし2人が協力して黙秘するならば、1年の短い刑期で済む。しかし、相手が黙秘するならば、自分だけ自白すれば3カ月の刑期で済むので、囚人は自白する誘惑にかられる。また、自分が黙秘しても相手が自白すれば、最悪の10年の刑となる。囚人はどの戦略をとるべきか、ジレンマに陥る。

共有地の悲劇

次のような寓話がある。ある村で誰でも利用できる牧草地がある。羊飼いは羊を牧草地に放牧すれば、羊1頭につき利得1を得る。また、放牧によって牧草地の草が減るため、羊1頭を放牧することでコスト1がかかる。しかし、コストは村の羊飼い全員が均等に負担するので、羊飼い1人ひとりにとっては羊を放牧すればするほど利得が上がる。利得と損失を合理的に計算する羊飼いたちは、際限なく羊を放牧し牧草地は荒れ野原になってしまった。この寓話は、「共有地（コモンズ）の悲劇」と呼ばれている

(Hardin 1968)。

共有地の悲劇は、環境破壊や自然資源の枯渇にみられるように、個々の利用者の経済的利益の追求によって利用者全員（さらに社会全体）にとって望ましくない結果が生じる現象である。共有地の悲劇は、個々のプレイヤーの合理的な行動が社会全体に悪い結果をもたらすという囚人のジレンマと共通した構造をもち、社会的ジレンマと言われる。地球温暖化問題では、地球という共有地が人間の経済活動によって深刻な被害を受けている。どのようにすれば共有地の悲劇を回避できるだろうか？　自然科学や社会科学の多くの分野で、解決方法が研究されている（コラム7）。エリノア・オストロムはコモンズの問題を精力的に研究し、２００９年に女性研究者で初めてノーベル経済学賞を受賞した（Ostrom 1990）。

囚人のジレンマの解決

囚人のジレンマで合理的な個人は協力しないという結論は、次の3つのことを前提としている。第一に、ゲームは1回しかプレイされない。第二に、プレイヤーはゲームのルールを変更できない。第三に、プレイヤーは利己的な選好をもつ。

もしこれらの前提が緩和されれば、プレイヤーが互いに協力し、囚人のジレンマ問題が解決できるだろうか？

人びとの協力は、国家や治世者によって強制されるべきではない。国家はしばしば間違った意思決定をする。治世者自身は公共のためではなく、利己的な選好に従った行動を行うこともある。スミスが『道徳情操論』（第1章）の中で危惧したように、治世者が強制する行動原理と人びとの行動原理が異なるならば、社会は大きな混乱に陥る。20世紀末に起きた旧社会主義国家の崩壊とその後の混乱は、国家による社会的ジレンマの解決の限界と悲惨な結果の可能性を示している。

社会科学の根本問題は、「異なる価値や目的を追求する自由な個人は、いかにして対立を克服して協力できるか」という問題である。これを、協力問題という。囚人のジレンマは、対立と協力の構造を明晰に表現し、協力問題の基本モデルである。

ゲーム理論の視点からは、囚人のジレンマの解決の鍵は、ゲームのルールを変え、プレイヤーの行動誘因が利己的な選好から利他的な選好や互恵主義の行動原理に変わることであるが、そのためには多くのことが未解決である。近年、ゲーム理論を用いて、囚人のジレンマにおける協力問題が精力的に研究されている。

繰り返しゲームの理論

囚人のジレンマのオリジナルな物語では、2人の囚人のゲームは1回限りであるが、さまざまな社会的状況では、ゲームは繰り返しプレイされる。例えば、夫婦関係や友人関係、地域社会でのつきあい、顧客関係、企業の取引関係、国と国との外交関係などは一度だけでなく長期にわたる。

繰り返しゲームの理論では、同一のゲームが繰り返しプレイされる状況でのプレイヤーの行動が研究されている。ゲームの回数が有限でプレイヤー全員の共有知識である繰り返しゲームを、有限回繰り返しゲームという。これに対して、ゲームが無限に続く可能性のある繰り返しゲームを、無限回繰り返しゲームという。

現実社会のさまざまなゲームは、物理的に無限に続くことはなく、有限の期間内に終わる。しかし、有限回繰り返しゲームのモデルと違って、現実社会では、プレイヤーはゲームがいつ終わるかを正確に知ることはまれである。有限回繰り返しゲームは、退職日が決まっている労働者や次の選挙には出馬しない政治家の行動の分析に適している。

長期的に継続するさまざまな社会、経済関係は、最終回のない無限回繰り返しゲームとしてモデル化する方が適切である。ただし、長期的な関係が確率1で無限に続くというのは非現実的であるので、毎回、ゲームはあるプラスの確率で終わる可能性があるとする。

ゲームが終わる可能性を考慮すれば、ゲームを始める時点で評価すると、初回のゲームの利得1と2回目のゲームの利得1はプレイヤーにとって同じ価値をもつとは言えない。ゲームを始める時点で評価したゲームの利得の価値を、現在価値という。

初回でゲームが終わる可能性があり、2回目の利得1が必ずもらえるわけではない。ゲームが続く確率をrとすると、2回目のゲームの期待利得は$r\times 1$である。このため、2回目の利得1を割り引いて評価し、1より小さいrの現在価値があると考える。このような比率rを、将来利得の割引因子と呼ぶ。無限回繰り返しゲームでは、将来の利得は割引因子rを掛けて現在価値に換算される。遠い将来の利得ほど現在価値は小さくなる。

将来利得の割引因子は、ゲームが終わる可能性だけではなく、プレイヤーの時間に対する選好（または忍耐度）を表している。例えば、できるだけ早く利得を欲しいプレイヤーにとっては、将来利得の割引因子の値は小さい。

また、銀行の預金を利得と考えれば、1万円は利子率iの下で1年後には（$1+i$）万円になるので、利子率iと将来利得の割引因子rの間には、$r=1/(1+i)$ の関係がある。

通常、無限回繰り返しゲームの理論では、プレイヤーは割引利得の和を最大化すると仮定される。例えば、毎回利得1が得られる場合、割引利得の和は、$1+r+r^2+\cdots$となる。このような和を、初項が1で公比がrの等比級数という。高校数学では、この値は$1/(1-r)$ と等しいことを学ぶ。*

等比級数の公式を使えば、ゲームの回数の期待値を計算できる。ゲームが続く確率をrとすれば、ゲームの回数の期待値は$1/(1-r)$ となる。** 例えば、ゲームが続く確率が毎回0・9であれば、ゲームの回数の期待値は10回である。

囚人のジレンマの繰り返しゲーム

表5-2の利得表をもつ囚人のジレンマ・ゲームを考える。

ゲームが有限回繰り返されるとき、逐次合理性の公準4-1（第4章）によって、後ろ向き帰納法でゲームを最終回から順に解くことができる。最終回のゲームは1回限りのゲームと同じであるから、(D, D) がプレイされる。これを前提にすると、最後から2回目のゲームも1回限りのゲームと同じであるから、(D, D) がプレイされる。以後、同じ議論により、毎回、(D, D) がプレイされる。有限回繰り返し囚人の

*　$R=1+r+r^2+\cdots$とおくと、$R=1+r\times R$の関係がある。これを解いて、$R=1/(1-r)$である。公比rが1以上であれば、等比級数の和Rは無限大に発散する。

**　ゲームの回数の期待値は、$E=1-r+2(1-r)r+3(1-r)r^2+\cdots=1+r+r^2+\cdots$である。Eは初項が1で公比が$r$の等比級数の和であるので、等比級数の和の公式より、$E=1/(1-r)$ である。

ジレンマ・ゲームの完全均衡の理論では、協力は実現しない。

では、ゲームが無限回繰り返されるとき、ゲームのプレイはどのようになるだろうか？最初に、1回限りの囚人のジレンマと同じように、2人のプレイヤーが毎回Dをとる戦略を考える。このような戦略を、All－D戦略という。もし一方がつねにDをとるならば、他方もDをとらざるをえない。All－D戦略の組は、逐次合理性の公準4－1をみたすので、無限回繰り返し囚人のジレンマの完全均衡である。均衡プレイでは、2人のプレイヤーはDをとり続け、1回限りの囚人のジレンマのプレイと同じである。

次に、2人のプレイヤーが、過去のプレイには関係なく、毎回Cをとる戦略を考える。このような戦略を、All－C戦略という。All－C戦略は、「お人好し」な戦略である。もし相手がAll－C戦略をとるならば、プレイヤーは自分だけ裏切ってDをとった方が割引利得の和を大きくできるので、All－C戦略は合理的な選択ではない。All－C戦略の組は、繰り返しゲームのナッシュ均衡ではない。All－C戦略の欠点は、相手の裏切行動を抑止できないことである。これを改善するために、次のような戦略を考えよう。初回はCをとる。2回目以後は、2人がCをとる限りCをとる。しかし1回でも1人以上のプレイヤーがDをとれば、以後ずっとDをとり続ける。この戦略は、2人の間で協力関係が一度でも崩れたら、それが引き金（トリガー）となって、以後の回からAll－D戦略をプレイするので、トリガー戦略と呼ばれている。

2人がトリガー戦略をとると、毎回、(C, C) がプレイされる。プレイヤーの割引利得の和は、等比級数の公式より $5/(1-r)$ である。ただし、r は将来利得の割引因子である。

1人のプレイヤーが初回に裏切ってDを選択するとする。次回以後、相手プレイヤーはトリガー戦略に従ってAll‐D戦略をとるので、裏切ったプレイヤーもAll‐D戦略をとらざるをえない。これより、裏切ったプレイヤーの割引利得の和は、$7+r+r^2+\cdots$ で $7+r/(1-r)$ と等しい。もしトリガー戦略による割引利得の和 $5/(1-r)$ が $7+r/(1-r)$ 以上、すなわち、r が1/3以上であれば、Dを選択しても割引利得の和を大きくできない。このとき、トリガー戦略の組は、逐次合理性の公準４‐１をみたすので、無限回繰り返しゲームの完全均衡である。

無限回繰り返し囚人のジレンマ・ゲームでは、将来利得の割引因子が十分に大きいとき、利己的なプレイヤーの間でもトリガー戦略によって協力関係が成立することがわかった。トリガー戦略に含まれるAll‐D戦略は、相手の裏切りに対する処罰の役割をもつ。処罰の可能性が相手の裏切り行動を抑止する。

将来利得の割引因子の値が十分に大きいならば、囚人のジレンマだけでなくどんなゲームでも、無限回繰り返しゲームのナッシュ均衡によって、「パレート最適ですべてのプレイヤーの利得がミニマックス利得より大きい」利得ベクトルが毎回実現できることが知られている。この結果は、１９５０年代にはすでに研究者の間で広く知られていたが、証明は１９７０年代まで公表されなかったので、フォーク定理（名前は、folklore、民間伝承から来ている）と呼ばれている。その後、フォーク定理は完全均衡についても成立することが証明された。

互恵性による協力関係

トリガー戦略には、囚人のジレンマで協力を可能にするという利点があるが、問題点もある。現実社会でトリガー戦略のような「永遠に」処罰する戦略が採用されることは多くない。また、相手を処罰すれば自分の利得も下がってしまう。このため、トリガー戦略よりマイルドな処罰をもつ戦略でも協力関係が成立できるかどうか、研究が行われている。

次のような戦略を考えよう。最初は、Cをとる。2回目以後は、前回の相手と同じ行動をとる。この戦略を、しっぺ返し戦略（tit for tat）という。しっぺ返し戦略の特徴は、「協力には協力、裏切りには裏切り」という互恵性の原則である。トリガー戦略との違いは、相手がDを選択すれば、こちらも1回だけDを選択するが、相手がCをとれば、こちらもCをとることである。

もし2人がしっぺ返し戦略をとれば、毎回（C, C）がプレイされ、プレイヤーの割引利得の和は、$5/(1-r)$ である。相手がしっぺ返し戦略をとるとき、各プレイヤーがしっぺ返し戦略をとることが合理的な選択であるための条件は、何だろうか？

第1に、しっぺ返し戦略の方がAll－D戦略より割引利得の和が大きくなければならない。しっぺ返し戦略に対して、All－D戦略の割引き利得の和は $7+r/(1-r)$ であるから、トリガー戦略の場合と同じように、将来利得の割引因子 r は1/3以上でなければならない。

第2に、しっぺ返し戦略の方が、初回にDをとり2回目以降はしっぺ返し戦略と同じである戦略（これをD－しっぺ返し戦略という）より割引利得の和が大きくなければならない。相手がしっぺ返し戦略を採用するとき、D－しっぺ返し戦略をとると、（C, D）と（D, C）が交互にプレイされるので、利得の列（7, 0, 7, 0, …）が得られる。割引利得の和は、初項7で公比が r^2 の等比級数の和と等しいので、$7/(1-r^2)$ である。これより、$5/(1-r)$ が $7/(1-r^2)$ 以上、すなわち、r は2/5以上でなければならない。

rが2/5以上ならば、しっぺ返し戦略からどんな戦略に変更しても割引利得の和は大きくならないことが知られていて（岡田 2008）、しっぺ返し戦略の組は、表5-2の利得をもつ無限回繰り返し囚人のジレンマのナッシュ均衡である。

繰り返し囚人のジレンマの実験

繰り返しゲームの理論によれば、ゲームの継続確率が大きいとき、協力行動がナッシュ均衡（さらに完全均衡）として実現する。この理論結果を検証する囚人のジレンマの実験研究を紹介する（Dal Bó 2005）。

実験では、ゲームの継続確率として、0、1/2、3/4の3つの値が用いられた。それぞれのゲームの回数の期待値は、1、2、4である。継続確率が0、1/2、3/4のとき、協力行動の頻度はそれぞれ9%、27%、37%であった。ゲームの継続確率が大きくなるにつれて協力行動の頻度が増えた。

また、初回の協力行動の頻度を調べると、無限回繰り返しゲームでは、ゲームの継続確率が0、1/2、3/4のとき、それぞれ9・17%、30・93%、46・20%であった。これに対して、回数の期待値が同じである有限回繰り返しゲームでは、10・34%（1回）、13・31%（2回）、34・58%（4回）であった。継続確率が0以外の場合では、「無限回繰り返しゲームの方が有限回繰り返しゲームより協力が実現しやすい」という理論予測が支持される。しかし、協力行動の頻度は50%以下であり、無限回繰り返しゲームでも協力が高い頻度で起きるわけではない。

公共財の供給問題

経済学では、空気や水などの環境資源や消防や公園などの公共サービスは、誰でも利用でき（非排除性）、ある人の消費が他の人の消費の量や質を下げない（非競合性）という性質をもち、公共財と言われる。これに対して、個人が私的に利用、消費できる通常の財を私的財という。

私的財と同じように、公共財を生産し供給するためにはコストがかかる。公共財は誰でも利用できるため、誰がそのコストを負担するのかが問題となる。公共財の性格から、コストを負担しなくても公共財を利用できるため、利己的な個人はコストを負担せずに公共財を利用しようとする。このような行動を、公共財へのただ乗りという。ただ乗りをする個人をフリーライダーという。ただ乗りのインセンティブのため、公共財は過少に供給される傾向がある。これを、公共財の過少供給問題という。

消費の範囲が国際的な公共財を、とくに国際公共財という。国際公共財の例として、科学、地球環境、国際平和、国際金融市場、自由貿易ルール、インターネットなどがある。公共財の供給は国家の主な役割であるが、国際社会では公共財を供給する世界政府が存在しないため、国際公共財の過少供給問題は、国内の公共財に比べていっそう深刻である。

公共財ゲーム

n人のプレイヤーがw円の初期所得からどれだけの金額を公共財のために貢献するかを他とは相談しないで決定するゲームを、公共財ゲームと言う。プレイヤーiの貢献額をx_i円とし、全員の貢献額の総和をX円とする。プレイヤーiの利得は、所得w円から貢献額x_i円を差し引いた上で公共財からの便益

aX円を加えたものである。パラメータaは、公共財が1単位増えるときに1人あたりの公共財の収益の増分を表し、公共財の1人あたりの限界収益（marginal per capita return, 略してMPCR）と呼ばれる。

例えば、プレイヤーが2人で、初期所得が10万円でMPCRが0・6とする。貢献額が0円か10万円の2通りであるとき、公共財供給ゲームの利得表は**表5-3**のようになる。もし2人がともに10万円を寄付すれば、総額20万円が公共財に投資され、それぞれが公共財から12万円の利得を得る。もし1人だけが10万円を寄付すれば、10万円が公共財に投資され、寄付した個人の利得は6万円である。一方、寄付しない個人の利得は16万円（所持金10万円と公共財からの利益6万円の合計）である。もし誰も寄付しないならば、公共財は供給されないため、各個人の利得は所持金の10万円である。

1＼2	貢献する	貢献しない
貢献する	12，12	6，16
貢献しない	16，6	10，10

表5-3　公共財ゲーム

表5-3は、囚人のジレンマの構造をもつ。「貢献しない」戦略は「貢献する」戦略より優位であり、合理的な個人の戦略は、貢献しないことである。その結果、公共財は供給されない。一方、集団合理的な戦略は、2人が協力して所持金10万円を公共財に貢献することである。

一般の場合、プレイヤーの個人合理的な貢献額は、MPCRの値によって異なる。貢献額を1円増やせば、利得は$a-1$円増える。したがって、$a>1$ならば、貢献額を増やせば利得が増えるので、個人合理的な貢献額は全所得w円である。逆に、$a<1$ならば、貢献額を増やせば利得が減るので、貢献額はゼロ円である。

集団合理的な貢献額は、次のようである。全員が協力してそれぞれ貢献額を1円増やせば、利得は $an-1$ 円だけ増えるので、$an>1$ であれば、集団合理的な貢献額は全所得 w 円であり、$an<1$ であれば貢献額はゼロ円である。

MPCR a の値が $1/n$ より大きく1より小さいとき、個人合理的な貢献額（ゼロ円）と集団合理的な貢献額（w 円）が異なり、社会的ジレンマが発生する。1人ひとりは公共財に貢献せず、他人の貢献にただ乗りをしようとする。その結果、公共財は供給されない。もし全員が協力して公共財の供給に協力すれば、全員の利得が増加する。

長年、経済学や社会心理学の分野では、公共財ゲームの実験が数多く行われてきた。これまでの主な実験結果は、次の2つに要約できる（Chaudhuri 2011）。

(1)　1回限りのゲームでは、平均貢献額は所得の4割から6割の間である。被験者1人ひとりの貢献額は、ゼロから全所得まで幅広く分布する。

(2)　ゲームが有限回繰り返されるとき、平均貢献額はゲームが進むにつれて減少しゼロ（ナッシュ均衡）に近づく。

被験者の行動パターンは、(i) フリーライダー、(ii) 無条件協力者、(iii) 条件付き協力者、の3つのタイプに分類できる。

(i)のフリーライダーは、利己的な選好をもつ合理的なプレイヤーである。(ii)の無条件協力者は、他人の行動にかかわらずに協力する人である。無条件協力者は、金銭的利得だけでなく協力すること自体に喜びを感じ、利他性や公平性を考慮する選好をもつ。このような選好を社会的選好という。社会的選好をもつ被験者は、自分の利得だけでなく他人の利得にも関心をもつ。(iii)の「条件付き協力者」は、他人が協力すれば協力し、協力しなければ協力しない。貢献額は、他人の貢献額に関する予想とプラスの相関をもつ。

ゲームが進むにつれて平均貢献額が減少するという実験結果(2)は、条件付き協力者の存在から説明できる。被験者の中にはフリーライダーが存在するために、初回の平均貢献額は4割から6割である。これを観察すると、条件付き協力者は貢献額を下げるため、2回目の平均貢献額は下がる。その結果、条件付き協力者の貢献額はさらに下がる。そして、最後は誰も協力しなくなる。

公共財の供給ゲームの実験では、被験者はさまざまな社会的選好をもち、一定数の条件付き協力者が存在することが観察されている。ある実験では、被験者の3割はフリーライダーであり、5割は条件付き協力者であった(Fischbacher 他 2001)。

人はフリーライダーを罰するか?

現実社会では、多くの人びとはフリーライダーに対して強い嫌悪感をもつ。例えば、共有資源の分野では、管理協定に違反して魚を乱獲する漁業者と協定を順守する漁業者の間で争いが頻繁に起きる。環境問題の分野では、国際条約の参加国と非参加国の対立がある。地球温暖化を阻止するために1997年に合意された京都議定書は先進国のみに温暖化効果ガスの削減目標が課された。先進国は、途上国と

Book review

JUNE 2022

6月の新刊

勁草書房

〒112－0005 東京都文京区水道2－1－1
営業部 03－3814－6861 FAX 03－3814－6854
ホームページでも情報発信中。ぜひご覧ください。
https://www.keisoshobo.co.jp

動物のまなざしのもとで
種と文化の境界を問い直す

鵜飼 哲 編著

「動物たちの自由が私の自由の保証」——動物という扉から開かれる文学世界の広さ、深さ、豊かさを通して種と文化の境界を問い直す。

A5判上製 352頁 定価4400円
ISBN978-4-326-10306-5

ソーシャルメディア解体全書
フェイクニュース・ネット炎上・情報の偏り

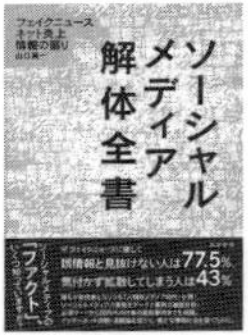

山口真一

インターネットの情報の偏り、フェイクニュース、炎上のメカニズムを徹底分析。誰もが発信者となりうる「人類総メディア時代」必携！

A5判並製 360頁 定価2970円
ISBN978-4-326-60350-3

ネット分断への処方箋
ネットの問題は解決できる

田中辰雄

良妻賢母という規範
[新装改訂版]

小山静子

6月の重版

軍事理論の教科書
戦争のダイナミクスを学ぶ
ヤン・オングストローム
J・J・ワイデン 著
北川敬三 監訳

戦争の本質とは何か？ 陸海空軍の特徴とは？ 軍人が従う「戦いの原則」とは？ 軍事リテラシーを身に付けるのに最良の一冊が登場！

A5 判並製 320 頁　定価 3300 円
ISBN978-4-326-30296-3　1 版 4 刷

移民受け入れと社会的統合のリアリティ
現代日本における移民の階層的地位と社会学的課題
是川 夕

日本における移民の社会的統合状況につき階層論をベースに検証。移民受け入れをめぐる観念的議論を超え、具体的な課題を展望する。

A5 判上製 312 頁　定価 6600 円
ISBN978-4-326-60321-3　1 版 2 刷

書物復権2022

〈書物復権〉は専門書を多く刊行する11の出版社による共同復刊です。様々な理由で品切となっていた書籍のうち、毎年、読者リクエストの多いものを中心に復刊しています。今年、勁草書房からは以下の５点を5月に復刊しました。

妊娠中絶の生命倫理　哲学者たちは何を議論したか

善する提案。

A5判並製 256頁　定価 2420円

ISBN978-4-326-60351-0

た新装改訂版。

四六判上製 296頁　定価 3300円

ISBN978-4-326-65435-2

近代家族とフェミニズム
[増補新版]

落合恵美子

日本の〈近代家族〉論はここから始まった——フェミニズムから出発し、家族社会学を切り拓いた名著の増補新版。

四六判上製 416頁　定価 3300円

ISBN978-4-326-65436-9

性暴力をめぐる語りは何をもたらすのか
被害者非難と加害者の他者化

前之園和喜

メディアにおける性暴力の語られ方とそこに現れる「性の二重基準」の分析を通じ、言説からたちあげられる「わたしたち」の意識を問う。

四六判並製 312頁　定価 3080円

ISBN978-4-326-65437-6

6月の重版

思考力改善ドリル
批判的思考から科学的思考へ

植原 亮

クイズ感覚で問題を解いてクリティカル・シンキングの力を養い、科学リテラシーがぐんぐん身につく！ 考える力を磨くための27章。

A5判並製 216頁　定価 2200円

ISBN978-4-326-10285-3　1版12刷

予測する心

ヤコブ・ホーヴィ 著
佐藤亮司 監訳
太田 陽・次田 瞬・林 禅之・三品由紀子 訳

脳は受動的なメカニズムではなく、自ら予測を行う仮説テスターだ。これまでの理解を刷新する、心のメカニズムの統合的新理論。

四六判上製 516頁　定価 5500円

ISBN978-4-326-15472-2　1版4刷

ポリティカル・サイエンス・クラシックス3

国際政治の理論

ケネス・ウォルツ 著
河野 勝・岡垣知子 訳

非難と称賛を浴びつづけた必読の名著をついに完訳！ 国際政治学の「常識」を一変させたネオリアリズムは、ここから始まった。

A5判上製 352頁　定価 4180円

ISBN978-4-326-30160-7　1版4刷

「核の忘却」の終わり
核兵器復権の時代

秋山信将・高橋杉雄 編

北朝鮮の核問題は解決にいたらず、米ロ間では緊張が高まっている。いま、地域や相手にあわせた新しい核戦略論が必要とされている！

A5判上製 264頁　定価 4180円

ISBN978-4-326-30280-2　1版3刷

りわけ排出大国である中国やインドが参加しないことに不満をもち、先進国と途上国の対立が深刻であった。

囚人のジレンマでゲームのルールを変更して、貢献額を選択した後にフリーライダーを処罰する機会があるとする。ゲームのルールの変更によって、プレイヤーは協力できるだろうか？　実験結果を紹介しよう（Fehr and Gächter 2000）。

実験では、最初に、被験者は他と相談せずに公共財への貢献額を選択し、全員の貢献額が知らされた後、貢献額が少ない被験者を処罰するかどうかを選択する。処罰は、他の被験者に対して処罰ポイント（0から10まで1点刻みの数）を割り当てることで実施される。1点の処罰ポイントを受けるごとに被験者の金銭的利得は1割減少する。一方、処罰する被験者は、選択した処罰ポイントに応じて個人的なコストを負担する。

逐次合理性の公準4-1（第4章）により、後向き帰納法によってゲームを解いてみよう。最後のゲームでは、処罰ポイントは他の被験者の利得を下げるが、処罰する被験者自身の利得も負担コストだけ下げる。したがって、被験者が利己的であれば、他の被験者の貢献額が低くても処罰しないことが合理的である。この事実を被験者全員が推論すれば、最初のゲームは、1回限りの公共財ゲームと同等である。したがって、処罰機会があるゲームでも、利己的で合理的なプレイヤーは公共財に貢献しない。

実験では、4名の被験者がグループを作り、通常のゲームと処罰機会のあるゲームをそれぞれ10回ずつプレイした。実験の条件は、初期所得は20ポイントで、公共財のMPCRは0・4である。

処罰機会のないゲームと処罰機会のあるゲームで被験者の平均貢献額を比較すると、前者の平均貢献額は所得の約2割であるのに対して、後者での平均貢献額は所得の約6割であった。処罰の機会があることで、被験者の平均貢献額は増加した。

被験者はただ乗りするとゲームの後で他の被験者から処罰されると予想し、平均貢献額が上昇したと考えられる。実際、他の被験者の平均貢献額より14ポイント以上貢献額が低い被験者は、平均6・8の処罰ポイント（金銭的利得が68％下がる）を受けた。

コストをかけてでもフリーライダーを処罰する行動は、利己的な選好や利他的な選好からは説明できない。実験結果は、不公平な結果を嫌う被験者の処罰行動によって協力の頻度が高まることを示している。

処罰社会と処罰フリー社会

処罰機会のある公共財ゲームは、処罰というルールをもつ社会のモデルであるが、処罰のルールは、実験者がデザインしたものであり、被験者が自発的に選択したものではない。次に、被験者が処罰機会のあるゲームと処罰機会のないゲームを自由に選択できる実験を紹介しよう（Gürerk 他 2006）。

実験では、次のような三段階の公共財ゲームがプレイされた。最初に、被験者は、処罰ルールのあるゲームと処罰ルールのないゲームのどちらかを他とは相談せずに選ぶ。次に、同じゲームを選択した被験者どうしが選んだゲームをプレイし、貢献額を選択する。被験者の初期所得は20であり、公共財のMPCRは1.6/n（ただしnはゲームの参加者数）である。最後に、処罰ルールのあるゲームでは、処罰（または報酬）の選択が行われる。

実験結果は、次のようであった。初回のプレイでは、約3割の被験者だけが処罰ありゲームを選択した。処罰ありゲームを選択したグループの平均貢献度は所得の約64％であり、処罰なしゲームを選択したグループの平均貢献度は約37％であった。注目すべき結果として、ゲームが進むにつれて、処罰ありゲームを選択する被験者の割合が増え、10回以後のゲームでは約9割の被験者が処罰ありゲームを選択した。被験者は、所得のほぼすべてを公共財に貢献した。

実験結果は、処罰の社会ルールとフリーライダーを自発的に処罰する協力者の存在が、協力行動の社会規範の成立に大きな役割をもつことを明らかにしている。

公共財の二次ジレンマという難問

社会の制度とは、ゲームのルールであり、人びとによって考案され人びとの相互作用を形づくる(North 1990)。公共財ゲームの実験結果は、社会的選好をもつ被験者の存在と相互処罰の社会制度が被験者の貢献額を上げることを示している。

しかし、ここで1つの難問が生ずる。もし処罰の社会ルールを導入することで人びとの公共財への貢献額が上がり利得が増加するのであれば、ルール自体が「高次の」公共財とみなせる。このとき、社会的ジレンマの論理により、利己的で合理的なプレイヤーは、社会ルールという公共財にただ乗りするインセンティブをもち、誰も制度に参加しないことが予想できる。これを、公共財の二次ジレンマという。公共財の二次ジレンマの議論は、協力問題の解決に悲観的である。

公共財の二次ジレンマは、国家の正当性を説明する社会契約説とも深く関係する。国家の主な役割は、国防や司法、公共事業を提供することであり、国家は国民の公共財である。17世紀のイギリスでは、ピューリタン革命、王政復古さらに名誉革命が続き、絶対君主と議会や市民が激しく対立した。

社会契約説を論じたホッブズによれば、国家が成立する以前の社会は自然状態であり、自己保存のために人びとは互いに対立し、「各人の各人にたいする戦争状態」であった（ホッブズ 1651=1971，156頁）。人びとはこのような悲惨な自然状態から逃れるために、絶対的権力をもつ権力者（リバイアサン）に従属することを互いに合意し社会契約を結んだ。

社会契約による国家（社会制度）は、望ましい社会状態を実現する公共財であるが、処罰により権力への従属を人びとに強制する側面をもち、人びとの自由を制約する。利己的で合理的なプレイヤーは、公共財にただ乗りできるという自由を放棄し、制度による処罰を受け入れるだろうか？

公共財の二次ジレンマは、国際公共財においてとくに深刻である。国際社会では、各国に国際条約に参加を強制する世界政府が存在しないため、国際条約への参加は自発的でなければならない。しかし、国益を追求する国家は、国際協力のための枠組みに参加しないインセンティブをもつ（コラム8）。

公共財ゲームにおける制度形成の実験

公共財の二次ジレンマの悲観的な議論を検証する実験を、筆者はオランダとドイツの研究者と共同で行った（Kosfeld 他 2009）。実験では、初期所得が20で公共財のMPCRが0・4と0・65の条件で、次のような三段階のゲームがプレイされた。

一段階：4名の被験者は処罰制度に参加するかどうかを他とは独立に決定する。
二段階：制度への参加者は、公共財に貢献するかどうかを全員一致投票で決定する。もし全員が賛成すれば、処罰制度が作られ、すべての参加者は初期所得20を公共財に貢献しなければならない。さらに、参加者は制度費用2を均等に負担する。もし1人でも処罰制度に反対すれば、制度は作られない。
三段階：処罰制度が作られた場合は、非参加者のみが公共財への貢献額を決定する。制度が作られない場合は、被験者全員が公共財への貢献額を独立に決定する。

逐次合理性の公準4-1（第4章）によって、ゲームを解くことができる。制度形成が被験者にとって（金銭的利得の観点から）有益であるための条件が重要である。

最初に、公共財のMPCRが0・4の場合を考える。

もし2名の参加者が制度を形成してそれぞれ公共財に所得20を貢献すれば、各参加者の利得は公共財の利益16（=40×0.4）から制度の分担コスト1を引いて15となる。これは、初期所得20より小さいので、参加者が2名のとき、制度形成は有益でない。

もし3名の参加者が制度を形成して公共財に所得20を貢献すれば、各参加者の利得は公共財の利益24から制度の分担コスト2/3を引いて約23・3となる。これは、初期所得20より大きいので、参加者が3名のとき、制度形成は有益である。参加者が増えると、制度形成によって公共財への総貢献額は増えるので、参加者が4名のときも制度形成は有益である。

次に、MPCRが0・65の場合を考える。もし2名の参加者が制度を形成してそれぞれ公共財に所得20を貢献すれば、各参加者の利得は25となり、制度形成は有益である。これより、2名以上の参加者の制度形成は有益である。

制度形成が有益であるための参加者の最小数を、最小協力数という。公共財のMPCRが0・4の場合、最小協力数は3であり、MPCRが0・65の場合、最小協力数は2である。被験者が利己的な選好をもつ場合、ゲームの完全均衡では、最小協力数の被験者が制度に参加することがわかる。被験者は制度にただ乗りするインセンティブをもつので、最小協力数より多くの被験者が制度に参加することはない。

実験データによると、ほとんどすべてのラウンドで1人以上の被験者が制度に参加し、約5割の頻度で参加者は制度形成に合意した。公共財のMPCRが大きいほど、制度形成の成功率は高かった。さらに、参加者が最小協力数未満の制度はほとんど作られなかった（比率4％以下）。作られた制度の約7割以上は、全員が参加した制度であった。とくに、公共財のMPCRの値が0・65である場合は、全員が参加する制度は、約91％の頻度で作られた。

実験結果は、公共財の二次ジレンマの悲観的な議論とは異なり、被験者は処罰制度に自発的に参加して制度形成に合意することを示している。しかし、制度が必ずできるとは限らず、全員が参加しない制度は合意されない可能性が高い。

なぜ全員が参加しない制度の形成率は低いのだろうか？　そのような制度では、制度に参加しないフリーライダーが存在する。フリーライダーの利得は、参加者の利得より大きい。参加者は不公平な分配を嫌い、制度を作れば初期所得より大きな利得を得られるにもかかわらず、制度に反対したと考えられる。実験結果は、分配の効率性だけでなく公平性が制度形成の成功に大きな役割を果たすことを示している。

コラム7　社会的ジレンマ

囚人のジレンマのように、個人の合理的な行動が社会やグループにとって望ましくない帰結をもたらす現象を、一般に、社会的ジレンマという（Kollock 1998）。

囚人のジレンマや社会的ジレンマの事例は、数多い。例えば、公共財の供給問題、共有資源の乱獲、環境破壊、自由貿易協定、軍縮協定、組織やコミュニティでの共同作業などがある。いずれの問題でも、自分の利益を追求する個人、企業、国家の合理的行動が、社会全体に損失をもたらすという結果となる。

社会的ジレンマ状況でどのように協力が可能であるかという問題を、協力問題という。協力問題は、その解決に多くの研究者がチャレンジしている難問である。

コラム8　地球温暖化問題におけるルール作り

現実社会におけるルール作りは、長期にわたる複雑な政治プロセスである。例えば、地球温暖化問題では、1988年に国連の下に気候変動を科学的に評価する国際機関である「気候変動に関する政府間パネル」(IPCC)が設立され、1992年にリオデジャネイロで開催された国連の地球サミットで「気候変動枠組み条約」が採択された。その後、1995年からは毎年、締約国会議(COP)が開催され、1997年に京都で開催されたCOP3で京都議定書が採択された。京都議定書への参加をめぐって先進国と途上国が鋭く対立し、2001年にはアメリカが京都議定書から離脱した。京都議定書以後の温暖化効果ガス排出をめぐる交渉(ポスト京都交渉)が長年にわたって行われ、2015年にパリで開催されたCOP21ですべての国が参加するパリ協定が採択された。

第6章　グループ形成

要点

●ゲーム理論は、誰と誰が協力し利得をどのように分配するかという人間社会の基本問題を分析する。
●ゲームのコアは、パレート効率性を提携安定性に強めた分配の基準である。
●効率性と公平性は望ましい分配の基準であるが、経済社会では非効率で不公平な分配が生ずることがある。

グループを形成する人間

人類社会の歴史をふりかえると、動物が群れを作って生きるように、人間もグループを形成して生きてきた。狩猟社会では、人間はマンモスやトナカイなどの大型動物をグループで狩猟し、獲物を分配した。農耕が始まると、人間は共同で土地を開墾し、ムギやマメ類の穀物を栽培し収穫した。人びとが定住するようになり文明が誕生すると、都市が形成され、国家が建設された。近世の産業社会では、会社、団体、同業者組合、資本家と労働者の階級など、さまざまな経済組織が形成され、その活動が人びとの生活に大きな影響を及ぼすようになった。

人間のグループは、家族、血縁者、地域共同体、宗教組織、企業、労働組合、クラブ、政党、国家、同盟、国際組織など多種多様である。グループの形成要因も、血縁、言語、文化、地理、宗教、思想、経済、政治などさまざまである。とくに、近代社会では、企業や政党、国際組織など構成メンバーが経済的、政治的利益を求めて形成する利益グループが大きな役割を果たしている。

スミスは、著作『諸国民の富』の中で、人びとの分業による共同労働が国民の生産能力を向上させ、富を生じさせると論じた（スミス 1776=1959, １０２頁）。

「分業は、それを導入できるかぎり、あらゆる工芸の労働の生産諸力を比例的に増進させる。さまざまな職業や仕事がたがいに分化するのも、この利益の結果として生じたもののように思われる。」

フォン・ノイマンとモルゲンシュテルンの提携理論

フォン・ノイマンとモルゲンシュテルンはゼロ和２人ゲームの理論を完成させた後、プレイヤーの数が2人より多いゲームの考察に進んだ。そのようなゲームでは、３人、４人、５人、…、の有限人のプレイヤーが存在する。また、極限状態として、無限に多くのプレイヤーが存在する無限人ゲームも考えられる。

市場経済では、スミスが論じたように、プレイヤーは他のプレイヤーと共同生産のためにグループを形成する。取引も売り手と買い手の共同行為である。フォン・ノイマンとモルゲンシュテルンは、プレイヤーが協力のために形成するグループを提携と呼んだ。提携は、英語 coalition の和訳である。日常社会では、提携の用語は、派閥、政党、国家などの連合を意味し政治的文脈で用いられることが多いが、ゲーム理論では、フォン・ノイマンとモルゲンシュテルンの研究以後、協力するプレイヤーのグループを一般に提携と呼ぶ。

ゼロ和3人ゲーム

フォン・ノイマンとモルゲンシュテルンは、ゼロ和2人ゲームの自然な拡張としてゼロ和3人ゲームを考察した。

ゼロ和3人ゲームとは、次のようなゲームである。3人のプレイヤー（国）がそれぞれ領土1を保有している。2国が協力すれば、残りの1国の領土1を奪って均等に分配できる。3国の戦略は、協力するパートナーを選択することである。お互いをパートナーに選んだ2国が、提携を形成する。

ゲームの利得表は、**表6-1**のようである。**表6-1**では、国1は行を選択し、国2は列を選択し、国3は利得表を選択する。利得表の各コマの3つの数字は、左から順に国1、国2、国3の利得を表す。ただし、各国の利得は、領土の増減分を表す。

例えば、左の利得表の左上のコマでは、国1と国2がお互いをパートナーとして選び、提携を作る。国1と国2が国3の領土1を奪い均等に分配するので、国1と国2は利得1/2を得て、国3は利得1を失う。また、左の利得表の右上のコマでは、3国がそれぞれ違う国をパートナーに選ぶのでどの提携も形成されず、全員の利得はゼロ（領土は1のまま）である。**表6-1**の利得表のすべてのコマで、3国の利得の和はゼロであることに注意してほしい。

国2 ＼ 国1	国1	国3
国2	½, ½, −1	0, 0, 0
国3	½, −1, ½	½, −1, ½

国1

国2 ＼ 国1	国1	国3
国2	½, ½, −1	−1, ½, ½
国3	0, 0, 0	−1, ½, ½

国2

表6-1　ゼロ和3人ゲーム

ゼロ和3人ゲームでは、3人のプレイヤーが利得分配をめぐって対立するが、ゼロ和2人ゲームとは異なり、プレイヤーは協力して提携を形成できる。ただし、提携のパートナーをめぐって3人のプレイヤーは対立する。ゼロ和3人ゲームはゼロ和2人ゲームとは本質的に異なり、対立と協力の2つの要素が混在する。

表6-1のゲームのナッシュ均衡を求めてみよう。例えば、左の利得表の左上のコマの利得ベクトル（1/2, 1/2, −1）に対応する戦略の組を考える。国1と国2はお互いをパートナーに選び、国3は国1をパートナーに選ぶ。国1がパートナーを国2から国3に変更して国3と提携を作っても、利得1/2のままで利得が上がらない。国2が国3をパートナーに選んでも、国3は国1をパートナーに選ぶので提携が作れず、国2の利得はゼロに下がってしまう。国3がパートナーを国1から国2に変更しても、国1と国2は互いをパートナーとして選ぶので、国3は提携に参加できず、国3の利得はマイナス1のままである。どのプレイヤーも1国だけ戦略を変更しても利得が上がらないので、利得ベクトル（1/2, 1/2, −1）に対応する戦略の組は、ナッシュ均衡である。

同様の議論により、**表6-1**の利得表の（0, 0, 0）を除くすべての利得ベクトルに対応する戦略の組は、ナッシュ均衡である。

表6-1のゼロ和3人ゲームでは、2人のプレイヤーからなる提携はすべてナッシュ均衡として実現する。以下では、プレイヤーの提携をメンバーの集合の記

号で表す。例えば、プレイヤー1と2の提携を｛1, 2｝とかく。

安定集合

フォン・ノイマンとモルゲンシュテルンの提携理論は、個々のプレイヤーの合理的な戦略決定を分析するナッシュの均衡理論とは異なり、提携による利得分配の安定性を分析する。

いま、**表6-1**の利得表の利得分配（0, 0, 0）を考える。この利得分配では、どの提携も形成されない。もし提携｛1, 2｝が作られ、利得分配（1/2, 1/2, −1）が実現すると、提携のメンバー1と2の利得は、ともに0から1/2に増加する。したがって、2人のプレイヤー1と2は、提携した方が有利である。このようなとき、利得分配（1/2, 1/2, −1）は、提携｛1, 2｝によって利得分配（0, 0, 0）をブロック（阻止）するという。簡単に、提携｛1, 2｝は利得分配（0, 0, 0）をブロックするともいう。同様のことが他の2人提携｛1, 3｝と｛2, 3｝についてもいえ、これらの提携は利得分配（0, 0, 0）をブロックする。

利得分配（0, 0, 0）は2人提携によってブロックされ、他の利得分配に移行するので、安定な利得分配とはみなされない。

他の利得分配は、どうであろうか?

提携｛1, 2｝による利得分配（1/2, 1/2, −1）を考えよう。プレイヤー3は領土を奪われるので、この利得分配を阻止したい。しかし、プレイヤー1と提携しても、提携｛1, 3｝は利得分配（1/2, 1/2, −1）をブロックできない。なぜならば、プレイヤー1の利得は新しい提携｛1, 3｝でも利得は1/2と変わらないからである。プレイヤー1は、プレイヤー2との提携を解消してプレイヤー3と提携しても有利ではない。同様に、提携{2, 3}も利得分配（1/2, 1/2, −1）をブロックできない。すなわち、利得分配（1/2, 1/2, −1）は、他の2つの利得分配（1/2, −1, 1/2）、（−1, 1/2, 1/2）によってブロックされない。同じことが、他の2つの利得分配（1/2, −1, 1/2）と（−1, 1/2, 1/2）についてもいえる。

まとめると、3つの利得分配（1/2, 1/2, −1），(1/2, −1, 1/2）と（−1, 1/2, 1/2）の集合は、次の2つの性質をもつ。

(1) 集合内の3つの利得分配は、互いをブロックしない。
(2) 集合の外の利得分配（0, 0, 0）は、集合の中のある利得分配にブロックされる。

フォン・ノイマンとモルゲンシュテルンは、このような2つの性質をもつ利得分配の集合は提携形成と利得分配をめぐるゲームの安定状態であると考え、安定集合と呼んだ。性質(1)を内部安定性、性質(2)を外部安定性と呼ぶ。現在、安定集合は、フォン・ノイマン＝モルゲンシュテルン解とも呼ばれている。表6-1のゼロ和3人ゲームでは、ナッシュ均衡による3つの利得分配の集合が、フォン・ノイマンとモルゲンシュテルンの安定集合にもなっている。いずれの理論も、ゼロ和3人ゲームでは、2人提携の形成をめぐって3人のプレイヤーが対立することを示している。

ゼロ和3人ゲームで状況が許せば、プレイヤーは単に提携のパートナーを選ぶだけでなく、協力するために、相手に多く利得（領土）を与えるかもしれない。例えば、国1が国2と提携したいとき、国3

から奪った領土1を均等に分配するのでなく1:2で分配し、国2に利得2/3をオファーするかもしれない。

一般に、協力や契約の合意のために、本来の利得の支払いの他に追加的に相手に支払うことを、別払いという。別払いのあるゲームでは、プレイヤーの効用（利得）は、金銭や領土、資源などのようにプレイヤーの間で自由に譲渡できる。このような効用を、譲渡可能な効用という。フォン・ノイマンとモルゲンシュテルンの提携理論では、譲渡可能な効用が仮定される。

提携ゲーム

ゼロ和3人ゲームで別払いが可能であるとき、提携の価値（グループ利得）を考えることができる。例えば、プレイヤー1とプレイヤー2が提携を作るとき、2人提携の価値は1である。このとき、プレイヤー3は利得1を失うので、プレイヤー3だけの1人提携の価値は、マイナス1である。同様にして、他の2人提携{1, 3}と{2, 3}の価値も1であり、プレイヤー1と2の1人提携の価値は、マイナス1である。また、3人提携{1, 2, 3}の価値はゼロである。

また、利得を測る基準点をどこにとってもゲームの分析には影響しないので、各プレイヤーの利得に1を加えると、ゼロ和3人ゲームにおける各提携の価値は、次のようにもできる。3人提携の価値は3（ゼロにメンバー数3を加える）、2人提携の価値は3（1にメンバー数2を加える）、1人提携の価値はゼロ（マイナス1にメンバー数1を加える）である。

プレイヤーのすべての可能な提携に対して提携の価値が定められているゲームを、提携ゲームと言う。

提携ゲームの理論は、どんな提携が形成され、どのように提携の価値が分配されるかを考察する。提携ゲームは、誰と誰が協力するかというゲームなので、協力ゲームとも呼ばれる。

3人協力ゲーム

次のような3人協力ゲームを考えよう。

問題

3人のプレイヤーが協力すれば、プラスの利得が得られる。3人提携の価値は1で、2人提携の価値はaである。ただしaは0と1の間の実数である。提携のメンバーは提携の価値を自由に分配できるが、提携に参加しないプレイヤーは何ももらえない。どのような提携が作られ、どのように提携の価値が分配されるだろうか?

3人協力ゲームは、経済社会における提携形成と利得分配の基本モデルである。3人協力ゲームの例は多い。例えば、3社による共同研究開発や3カ国による国際協力は、3人協力ゲームとみることができる。問題のゲームでは3人のプレイヤーの立場が同じなので、ゲームはとくに3人対称協力ゲームと呼ばれる。

フォン・ノイマンとモルゲンシュテルンは、著作『ゲーム理論と経済行動』の前半でゼロ和2人ゲームの理論を完成させた後に、後半では、協力ゲームにおける提携形成と利得分配の理論を提示した。

効率性と公平性

3人対称協力ゲームで、最も価値が大きい3人提携が作られると予想するのは自然である。3人提携は、パレート効率的（第3章）な分配を実現できる。2人提携の価値 a が3人提携の価値1より小さいとき、2人提携を作ることは非効率である。

また、分配の基準として、公平性は効率性とともに広く受け入れられている。3人対称協力ゲームでは、3人のプレイヤーの立場は等しいので、公平性の基準は、3人提携の利得1を平等に分配することを意味する。

効率性と公平性の2つの基準から、3人対称協力ゲームでは、3人提携が作られ均等分配（1/3, 1/3, 1/3）が実現すると予想できる。2人提携の利得分配は非効率であり、提携に参加できないプレイヤーの利得はゼロであるので不公平である。

規範理論と実証理論

3人対称協力ゲームの解を求めるとき、中立的で公平な観察者と当事者であるプレイヤーという2つの異なる視点がある。

もし中立的で公平な観察者として、いかにゲームをプレイすべきかをプレイヤーに助言する立場ならば、効率性と公平性の基準から3人提携の均等分配（1/3, 1/3, 1/3）を助言することは、説得的である。中立的で公平な観察者の立場から、いかにゲームをプレイすべきかを指示、助言する理論を、行動の規範理論という。規範理論は、合理性だけでなく倫理や道徳とも関係する。規範理論としてのゲーム理論の内容については、最後の章で述べよう。

一方、もしプレイヤー自身としてゲームをプレイする立場ならば、3人提携を作り均等分配（1/3, 1/3, 1/3）を実現するかどうかは、必ずしも自明ではない。なぜならば、プレイヤーの目的は、効率性や公平性を実現することではなく、自分の利得を最大にすることだからである。規範理論とは異なり、プレイヤーがどのようにゲームをプレイするかを分析する理論を、行動の実証理論という。

フォン・ノイマンとモルゲンシュテルンは、社会における人間の合理的行動の数学理論としてゲーム理論を構築した。フォン・ノイマンとモルゲンシュテルンの理論は、合理的なプレイヤーがどのように行動するかを探究する実証理論である。実証理論は、数理モデルからプレイヤーの行動に関する命題を演繹し、理論命題を実験データによってテストする。理論と実験という科学的方法論を用いて、ゲーム理論は人間行動を探究する。

もし行動の規範理論がプレイヤーの合理的行動とかけ離れるならば、規範理論は自律的な行動主体であるプレイヤーに受け入れられない。規範理論がプレイヤーに受け入れられるためには、実証理論と整合的でなければならない。

提携安定性とゲームのコア

3人協力ゲームにおける効率性と公平性による理論予測は、2人提携の価値aを考慮していないという問題点がある。3人提携の均等分配は、プレイヤーの合理的な意思決定として説明できるだろうか？

もしaの値が小さくゼロに近いとき、2人提携を作ることは有利でなく、3人提携の均等分配が実現するという予測は説得力がある。

しかし、もしaの値が大きく3人提携の価値1に近い、例えば0・8であれば、どうであろうか？　2人のプレイヤーが提携して価値0・8を均等に分配すれば、利得0・4が得られ、3人提携での均等利得1/3より大きな利得が得られる。プレイヤーは3人提携に参加するよりは2人提携を作る方が有利である。

フォン・ノイマンとモルゲンシュテルンの提携理論の用語を用いると、2人提携の価値aが0・8のとき、利得分配（0.4, 0.4, 0）は、2人提携{1, 2}によって均等分配（1/3, 1/3, 1/3）をブロックする。すなわち、均等分配（1/3, 1/3, 1/3）は、2人提携{1, 2}によって利得分配（0.4, 0.4, 0）に変更され、安定的ではない。

一般に、プレイヤーのどんな提携（全員提携を含む）にもブロックされない利得分配の集合を、ゲームのコアという。ゲームのコアに属する利得分配を、簡単にコア分配と呼ぶ。ゲームのコア分配は、提携によって他の利得分配に変更されることはないので、提携安定性をもつという。

また、ゲームのコア分配はパレート効率的である。もしコア分配がパレート効率的でないならば、プレイヤー全員が有利になるような全員提携の利得分配が存在する。このとき、コア分配は全員提携によってブロックされるので、コアの性質に矛盾する。ゲームのコアは、パレート効率性の基準を提携安定性に強めた利得分配の基準である。

3人対称協力ゲームのコア

3人対称協力ゲームのコアは、提携の1人あたりの平均価値と密接な関係にある。3人提携の平均価値は$1/3$であり、2人提携の平均価値は$a/2$である。

もし$1/3$が$a/2$以上（aが$2/3$以下）ならば、均等分配（1/3, 1/3, 1/3）はゲームのコア分配である。実際、2人提携のどのような利得分配でも、少なくとも1人のメンバーの利得は$a/2$以下であるので、2人提携によって均等分配（1/3, 1/3, 1/3）をブロックできない。

逆に、もし$1/3$が$a/2$より小さい（aが$2/3$より大きい）ならば、利得分配（$a/2$, $a/2$, 0）は2人提携{1, 2}によって均等分配（1/3, 1/3, 1/3）をブロックするので、均等分配（1/3, 1/3, 1/3）はゲームのコア分配ではない。さらに、他のどんな利得分配もコア分配ではない。もしコア分配$x=(x_1, x_2, x_3)$があれば、どのiとjに対しても$x_i+x_j \geq a$でなければならない（もし$x_i+x_j < a$ならば、分配xは2人提携$\{i, j\}$にブロックされる）。3つの不等式を加えれば、$2(x_1+x_2+x_3) \geq 3a$が成り立つ。左辺は2以下なので、$2 \geq 3a$となる。これは、条件$3a > 2$に反する。

ゲームのコアの概念と公平性の基準から、2人提携の利得aが$2/3$以下のとき、3人対称協力ゲームでは3人提携の均等分配（1/3, 1/3, 1/3）が実現すると予測できる。しかし、aが$2/3$より大きいときは、ゲームのコアは存在しないので明確な予測ができない。

提携形成の交渉実験

3人対称協力ゲームの実験を紹介しよう（Okada and Riedl 2005）。

実験では、提携の価値は、3人提携が3000ポイント、2人提携が2800、2500、2100、1200ポイントの4通りに設定された。1人提携の価値はゼロである。

交渉ゲームは、次のようである。最初に、ゲームに参加する3人の被験者のうち1人が等確率で提案者に選ばれる。次に、選ばれた被験者は、提携のメンバーとして1人または2人を指名し、提携価値の分配を提案する。最後に、指名されたメンバーが一定の順序で提案を受け入れるかどうかを決定する。もし全員が提案を受け入れれば、提案された利得分配が実現する。提携に参加できない被験者の利得はゼロである。もし1人でも提案を拒否すれば、交渉は決裂して、全員の利得はゼロである。

被験者が利己的選好をもつとき、逐次合理性の公準4-1により、次のような完全均衡が求まる。提携のメンバーは、提案を拒否すれば利得はゼロであるので、ゼロ以上の利得がオファーされる限り、どんな提案も受け入れる。これを予想すれば、提案者の最適な提案は、自分以外のすべての被験者を提携のメンバーに指名し、3人提携の価値3000を独占することである。他の被験者の利得はゼロである。

完全均衡は、被験者の行動を予測できるだろうか？　実験結果は、次のように要約される。

(1) 2人提携の価値が2800ポイントまたは2500ポイントのとき、約9割の提案者は2人提携を提案した。

(2) 2人提携の価値が2100ポイントのとき、約4割の提案者が2人提携を提案した。

(3) 2人提携の価値が1200ポイントのとき、ほとんどの提案者は3人提携を提案した。

(4) 提携のメンバーは、提携のサイズにかかわらず、オファーされる利得が低いほど高い頻度で提案を拒否した。

(5) 2人提携では、提携の価値の4割から5割がメンバーにオファーされた。3人提携では、提携の価値の約2・5割が各メンバーにオファーされた。

結果(1)と(2)は、利己的な選好の下での理論予測を支持しない。結果(4)における応答者の選択は、「親切には親切、不親切には不親切」という互恵性として説明できる。提案者から大きな利得をオファーされれば、応答者はそれを親切な行為とみなし、受諾という親切な行為でお返しをする。逆に、低い利得のオファーを不親切な行為とみなし、拒否という不親切な行為で仕返しをする。

応答者の互恵性を予想するとき、提案者はどんな提携を提案するのが合理的だろうか? 提案者は、拒否されない利得をオファーしなければならない。しかし、大きな利得をオファーすれば、拒否されない確率は上がるが、自分の利得が下がってしまう。提案者は応答者の選択を「戦略的に」読む必要がある。

かりに、応答者は800ポイント以上の利得のオファーを受け入れるとしよう。このとき、3人提携を作ると、提案者の利得は多くとも1400ポイントである。2人提携の価値が2800ポイントと2500ポイントであれば、2人提携で800ポイントを相手にオファーすれば、それぞれの場合で提案者は2000ポイントと1700ポイントが得られ、3人提携を作るより有利である。2人提携の価値が2100ポイントであれば、提案者の2人提携での利得は1300ポイントであり、3人提携での利得と大差ない。2人提携の価値が1200ポイントであれば、2人提携では提案者の利得は400ポイ

ントにすぎず、3人提携を作る方が有利である。このような提案者の利得の合理的計算から、

仮説

「提案者は、提携のメンバーの互恵的な応答を予想して、期待利得を最大にする提携を選択する」

が得られる。実験結果(1)から(3)の2人提携の形成頻度は、この仮説により説明できる（コラム9）。

成熟経済の非効率で不公平な分配

経済社会では、いつも効率的で公平な利得分配が実現するとは限らない。多くの社会問題は、非効率で不公平な利得分配をもたらす。典型的な例が失業問題である。3人協力ゲームを用いて、失業の原因を考えてみよう。

この章の初めに引用したように、スミスは、著作『諸国民の富』の中で、人びとの分業による共同労働が国民の生産能力を向上させ、富を生じさせると論じた。経済は、人びとが提携し共同生産する協力ゲームとみなすことができる。提携に参加する人びとは、労働量を投入して生産物を産出する。協力ゲームの提携価値の関数は、経済の生産関数を表す。失業とは、生産の提携に参加できず利得が分配されないことである。失業は、非効率で不公平な利得分配をもたらす。

3人対称協力ゲームの結果は、プレイヤーの生産能力が同じでも、2人提携が作られ、1人が失業する可能性を示している。失業が生じるのは、2人提携の価値が大きいときである。2人提携の価値が3

人提携の価値の2/3より大きいとき、ゲームのコアは存在しないため、効率的な3人提携は不安定であり、2人提携が形成される可能性がある。交渉実験のデータでは、2人提携の価値が3人提携の価値の8割以上のとき、約9割の高い頻度で2人提携が提案された。

2人提携の価値が3人提携の価値の2/3以上という条件は、次のような提携価値の性質を意味する。例えば、2人提携の価値が3人提携の価値の70%とする。1人提携の価値をゼロとすれば、提携の規模が1名から2名に増えると、提携価値の増分は3人提携の価値の70%である。さらに2名から3名に増えると、提携価値の増分は3人提携の価値の30%である。すなわち、提携価値は、提携の規模（労働量の投入）が大きくなると増加するが、増分は減少する。経済学では、このような価値関数の性質を、限界生産性の逓減という。逆に、提携の規模が大きくなると提携価値の増分が増えることを、限界生産性の逓増という。

3人対称協力ゲームで、コアが存在するゲームは限界生産性が逓増し、コアが存在しないゲームは限界生産性が逓減する経済に対応する。

一国全体の総生産関数は、典型的にS字形の曲線であり、生産の投入レベルが低いとき、限界生産性は逓増し、投入レベルが高いとき、限界生産性は逓減する。低成長にある発展途上の経済では、生産の投入レベルが低く限界生産性が逓増する。一方、高成長を実現した成熟した経済では、生産の投入レベルが高く限界生産性が逓減する。

3人対称協力ゲームの結果から、一国経済の成長と分配の関係について、次のような知見が得られる。低成長レベルにある発展途上の経済では、失業は発生せず、効率的で平等な分配が実現する。一方、高い成長レベルにある成熟した経済では、失業が発生し、非効率で不平等な分配が実現する可能性がある。失業の原因は、失業する労働者の能力が低いからではなく（3人対称協力ゲームでは労働者の生産能力は等しい）、経済が高い成長レベルに到達し、限界生産性が逓減するからである。失業をなくすには、技術革新やイノベーションにより限界生産性を上げる必要がある。

市場ゲームのコア

ゲームのコアは、プレイヤーのどんな提携にもブロックされない利得分配の集合であり、フォン・ノイマンとモルゲンシュテルンの安定集合に必ず含まれる（もし含まれなければ、コア分配をブロックする分配がないので、安定集合の外部安定性に反する）。その意味も明瞭なので、コアの概念は提携ゲームの中心的な解として広く受け入れられている。

また、ゲームのコアは、19世紀末から20世紀初頭のイギリスの経済学者フランシス・エッジワースが定式化した2人の経済主体の交換市場における「契約曲線」の概念を一般化したものである。このため、経済学の市場理論でも、ゲームのコアは競争均衡（第1章）と並んで中心的な役割を果たしている。

市場とは、2人もしくはそれ以上の経済主体が保有している財（例えば、リンゴとミカン）を交換する場である。商品の売買も買い手と売り手の間の商品と貨幣の交換とみなせる。市場での経済主体の行動原理は、取引主体全員が有利になるように取引を行うことである。

スミスの『諸国民の富』の中の次の有名な一節は、市場での行動原理を記述している（スミス 1776=1959, 118頁）。

「人間は、ほとんどつねにその同胞の助力を必要としていながら、しかもそれを同胞の仁愛だけに期待しても徒労である。そうするよりも、もしかれが、自分に有利になるように同胞の自愛心を刺激することができ、しかもかれが同胞に求めていることをかれのためにするのが同胞自身にも利益になるのだ、ということを示してやることができるならば、このほうがいっそう奏功するみこみが多い。(中略)われわれが自分たちの食事を期待するのは、肉屋や酒屋やパン屋の仁愛にではなくて、かれら自身の利益に対するかれらの顧慮に期待してのことなのである。われわれは、かれらの人類愛にではなく、その自愛心に話しかけ、しかも、かれらにわれわれ自身の必要を語るのではけっしてなく、かれらの利益を語ってやるのである。」

スミスは、互いの利己心(自愛心)を期待する経済主体の間で有利な交換が成立し、社会全体の総利益が最大になると論じた。ゲームのコアでは、提携のメンバー全員が有利になるように提携(取引)が作られ、パレート最適な分配が実現する。コアの概念は、提携のブロッキングを用いてスミスの議論を定式化したものである。

コアにおける取引

1人の売り手と2人の買い手からなる3人市場ゲームを考えよう。売り手は5千円以上なら保有している中古自転車を売りたい。2人の買い手のうち、買い手1は8千円以下なら売り手の中古自転車を買いたい。買い手2は7千円以下なら買いたい。どの買い手と売り手の間で商品の取引が成立し、価格はどのようになるだろうか？

コアの概念によるゲーム理論の答えは、「売り手と買い手1の間で取引が成立し、価格は7千円以上8千円以下である」というものである。

なぜこのような答えになるのかを説明しよう。最初に、売り手と買い手の利得を次のように定める。例えば、もし売り手が買い手1に6千円で自転車を売れば、売り手は希望額5千円より千円高く売れるので、千円の利得がある。買い手1は、買ってもよいとする8千円より2千円安く買えるので、2千円の利得がある。売り手と買い手1の利得の和は3千円である。どのような価格でも、売り手と買い手1の利得の和は、8千円と5千円の差額の3千円である。売り手と買い手2との取引でも同じようにそれぞれの利得が定まり、売り手と買い手2の利得の和は、7千円と5千円の差額の2千円である。

ゲームのすべてのコア分配では、売り手と買い手1の間で取引が成立することがわかる。証明は背理法を用いる。コア分配で売り手と買い手2で取引が成立すると仮定しよう。価格は5千円以上7千円以下であり、売り手と買い手2の利得の和は2千円である。売り手の利得は、たかだか2千円である。このとき、買い手1が7千5百円で買いたいと売り手に申し込めば、売り手の利得は2千5百円で、買い手1の利得は5百円となる。売り手と買い手1の双方が有利になるので、売り手と買い手1による2人提携は、売り手と買い手2のコア分配をブロックできる。これは、ゲームのコアの定義に反するので、ゲームのすべてのコア分配では、売り手と買い手1の間で取引が成立する。

また、コア分配での取引価格は、7千円以上8千円以下である。もし価格が7千円より低ければ、買い手2がそれより少し高くて7千円より低い価格を提示すれば、取引によって売り手と買い手2双方とも利得が増える。売り手と買い手2の2人提携が取引をブロックできるので、コアの定義に反する。したがって、価格は7千円以上8千円以下である。

市場取引が不公平である可能性

市場ゲームのコアはパレート効率的な利得分配を実現するが、公平な利得分配を実現するとは限らない。このことを労働市場の例でみてみよう。

1人の資本家と2人の労働者からなる労働市場を考える。資本家は1人の労働者を雇用し財を生産することで利得10を得ることができ、その一部を賃金として労働者に支払う。資本家の生産量は、労働者を2名雇用しても同じである。労働者は利得がマイナスでない限り、雇用されたい。

ゲームのコアでは、資本家は生産の利得10を独占し、労働者の賃金はゼロである。なぜこのような不公平な利得分配が実現するのだろうか？

もし労働者の賃金がプラスであれば、資本家はより低い賃金で他の労働者を雇用でき、労働者もそれを受け入れるからである。資本家は、2人の労働者を競争させることで賃金をゼロにすることができる。賃金を高くするには、労働者は団結して資本家と交渉する必要がある。

1人の資本家と2人の労働者からなる労働市場で、資本家が生産利得を独占するのは、資本家より労働者の数が多く、労働力が過剰供給の状態にあるからである。労働力の過剰供給による不公平な利得分配は、多数の資本家と労働者からなる労働市場でも起きる。

マッチング・ゲーム

ゲームのコアの概念は、市場の取引だけでなくさまざまな社会、経済、政治問題に応用されている。市場では、売り手や買い手が取引相手を探し価格の交渉をする。一般に、パートナー探しのゲームをマッチング・ゲームという。

マッチング・ゲームの例として、男女の結婚ゲームがある。結婚ゲームとは、次のような状況である。3名の男性m_1、m_2、m_3と2名の女性w_1、w_2が結婚相手を探している。それぞれの異性に対する好みは、高い順に次のようである。

$m_1: w_1 > w_2$,　$m_2: w_1 > w_2$,　$m_3: w_2 > w_1$

$w_1: m_1 > m_2 > m_3$,　$w_2: m_1 > m_3 > m_2$

5名とも独身でいるよりは結婚した方がいいと思っている。

マッチングとは、男女のカップルの作り方をいう。例えば、男性m_1と女性w_1、男性m_2と女性w_2が結婚するカップルの作り方（記号でm_1-w_1、m_2-w_2とかく）は、1つのマッチングである。

マッチングm_1-w_1、m_2-w_2では、男性m_3は独身である。女性w_2は男性m_1とのペアを解消して男性m_3と結婚した方が望ましい。男性m_3も独身でいるよりは女性w_2と結婚した方が望ましい。提携ゲームの理論の用語では、ペア（m_3、w_2）はマッチングm_1-w_1、m_2-w_2をブロックするという。

どんなペアにもブロックされないマッチングを、安定マッチングという。安定マッチングは、提携ゲームのコアの特別な場合である。マッチング・ゲームの性質から、安定マッチングではブロックする提携が男女のペア（2人提携）に限定される。

結婚ゲームの安定マッチングを求めてみよう。ペア（m_3、w_2）がマッチングm_1-w_1、m_2-w_2をブロックしてできる新しいマッチングm_1-w_1、m_3-w_2を考える。このマッチングでは、男性m_1と女性w_1は最愛の相手と結婚できる。男性m_3も最愛の女性w_2と結婚できる。したがって、マッチングをブロックするペアは存在せず、マッチングm_1-w_1、m_3-w_2は安定マッチングである。女性w_2は、最愛の男性m_1とではなく2番目に好きな男性m_3と結婚するが、男性m_1は女性w_1と結婚するので、女性w_2はマッチングをブロックするペアを作れない。m_1-w_1、m_3-w_2以外のマッチングは安定ではない。

安定マッチングは、結婚ゲームのような一対一のマッチング・ゲームだけでなく、雇用者と労働者、学校と生徒など多対一のマッチング問題にも適用される。また、安定マッチングの計算アルゴリズムも開発されている（Gale and Shapley 1962）。アメリカでは、長年、病院の研修医割り当て制度で採用されている（Roth 1984）。近年、ニューヨーク市やボストン市は、安定マッチングの計算アルゴリズムを用いて公立学校に入学希望の生徒を割り当てている（Roth 2002）。

コラム9　互恵性の意図せざる帰結

3人対称協力ゲームの実験では、2人提携の価値が3人提携の価値に近いとき、2人提携が形成される頻度が高く、最も価値の高い3人提携は形成されなかった。また、2人提携の形成により、1人の被験者が提携から除外された。ゲームの結果は、応答者の互恵性と提案者の期待利得の最大化行動から説明できる。

互恵性が利得分配に及ぼす影響は複雑である。2人の交渉では、互恵性は効率的で公平な利得分配を実現する。しかし、3人以上の提携交渉では、互恵性は、非効率性（価値の低い提携が形成される）と不公平（1人のプレイヤーが提携から除外される）という社会的に望ましくない結果をもたらす可能性がある。非効率で不公平な分配は、プレイヤーが意図したものでなく、互恵性と期待利得最大化の原理から導かれた「意図せざる結果」である。

第7章　大多数社会

要点

●大多数社会では、個々のプレイヤーの影響は小さいが、集積されたプレイヤーの行動は社会に大きな影響を与える。
●ゲーム理論によって、クリティカル・マス、パンデミック下の外出自粛、ケインズの美人投票、バブル現象が分析できる。
●評判を利用する間接互恵性（「あなたを助ければ誰かが助けてくれる」）によって、大人数な人間社会の協力が可能になる。

大多数のプレイヤーが参加するゲーム

国際社会では、約２００の国があり約77億の人が住んでいる。日本には、約1億２５００万の人が住み、東京都の人口は約１４００万人である。

大多数の人びとからなる社会は、２人や3人、４人といった少数の人からなる社会とは、違った様相を呈する。大多数社会では、個々のプレイヤーの行動が社会に及ぼす影響は小さい。人びとの生活や行動は、社会の1人ひとりの行動よりは、〝平均的な〟人の行動や人びとの行動分布に大きな影響を受ける。

例えば、わたしたちが選挙の投票に行くかどうかは、候補者の顔ぶれだけでなく予想投票率にも影響される。株式市場の投資家にとって、「市場の心理」と言われる市場の平均的な投資家の行動や株価予想が投資決定の重要な要因である。

多人数囚人のジレンマ

囚人のジレンマ（第5章）は2人ゲームであるが、多人数のゲームに容易に一般化でき、公共財ゲームや共有地の悲劇などの社会的ジレンマのモデルとしてさまざまな社会問題の分析に応用されている。プレイヤーの数が多人数である囚人のジレンマのモデルは、次のようである。プレイヤーの各々は2つの行動、協力（C）と非協力（D）をもち、それぞれの行動をとったときの利得をcとdとおく。2つの利得$c(x)$と$d(x)$は、集団の中でCをとるプレイヤーの割合xの関数である。ここで、xは0と1の間の実数である。

囚人のジレンマの特徴として、(1)すべてのxに対して$d(x) > c(x)$、(2) $c(1) > d(0)$、の2つの条件が成り立つ。

第1の条件は、個々のプレイヤーにとってDがCより優位であることを意味する。すなわち、協力するプレイヤーの割合xが何であっても個々のプレイヤーにとって協力しない方が有利である。ナッシュ均衡はただ1つで、誰も協力しない状態（$x=0$）である。

第2の条件は、ナッシュ均衡はパレート最適でないことを意味する。社会の全員が協力すれば、全員の利得がナッシュ均衡より大きくなる。

図7-1は、関数 $c(x)$ と $d(x)$ のグラフを描いている。$c(x)$ のグラフを c-曲線、$d(x)$ のグラフを d-曲線という。

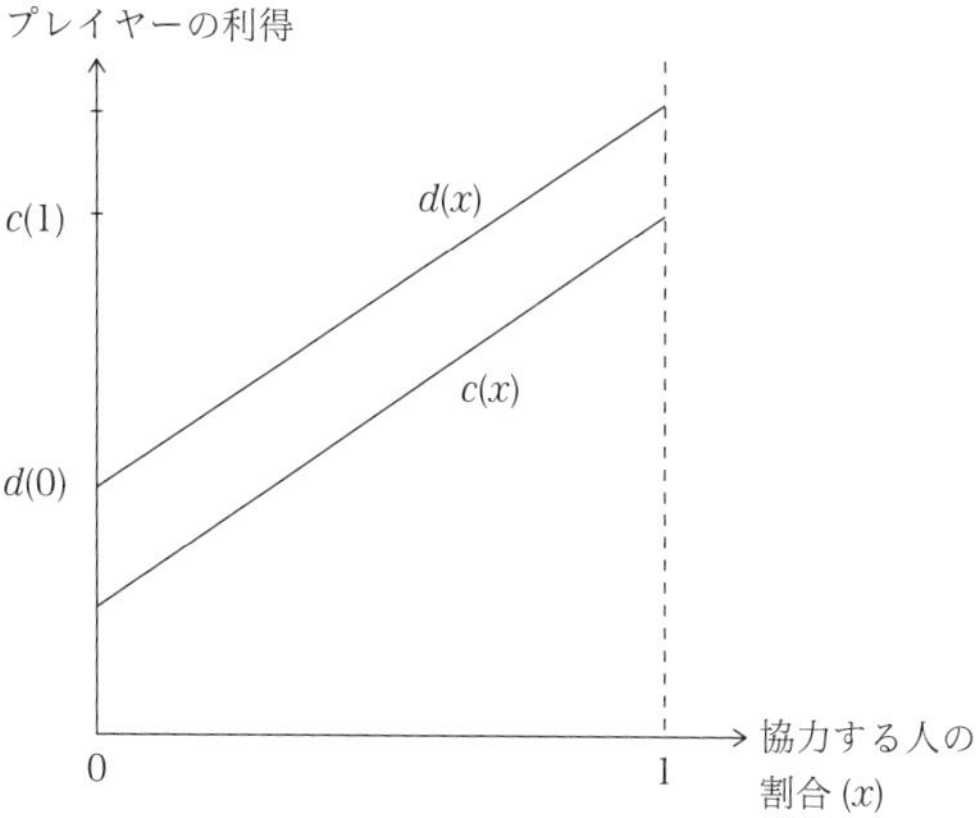

図7-1　多人数囚人のジレンマ

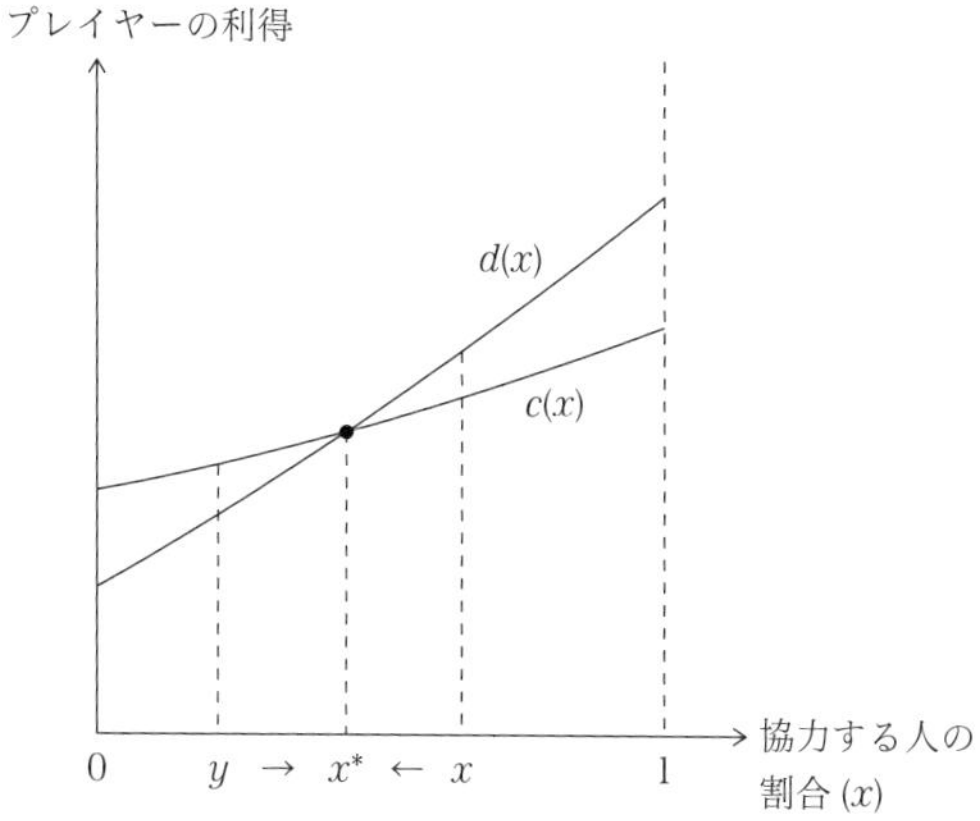

図7-2　大多数ゲームのナッシュ均衡

図7-1のc-曲線とd-曲線のグラフを変えると、囚人のジレンマとは異なるゲームが作れる。例えば、図7-2では、2つのグラフは点x^*で交わっている。

交点x^*では、CとDによる利得は等しい。したがって、協力する人も協力しない人も行動を変更しても利得は変わらないので、交点x^*はナッシュ均衡である。

また、点x^*はただ1つのナッシュ均衡である。点x^*より右の点xでは、Dの方がCより利得が大きい。したがって、点xでは協力する人は協力しない方が有利なので、点xはナッシュ均衡ではない。同じように、点x^*より左の点yでは、Cの方がDより利得が大きいので、協力しない人は協力する方が有利で、点yはナッシュ均衡ではない。

社会行動のダイナミックス

いま、プレイヤーの一定割合が行動を修正する機会があるとしよう。図7-2のナッシュ均衡x^*の右側の点xでは、Cをとるプレイヤーは Dに行動を変更するので、協力する人の割合xは減少する。ナッシュ均衡x^*の右側ではつねに同じ性質が成り立つので、ナッシュ均衡x^*の右側の点xは、単調に減少しナッシュ均衡x^*に近づく。

逆に、ナッシュ均衡x^*の左側の点yでは、Dをとるプレイヤーは Cに行動を変更するので、協力する人の割合yは増加する。したがって、ナッシュ均衡x^*の左側の点yは、単調に増加しナッシュ均衡x^*に近づく。

図7-2のゲームが繰り返しプレイされると、ナッシュ均衡でない点は、ナッシュ均衡に収束する。

このような性質が成り立つとき、ナッシュ均衡は安定点であるという。

プレイヤーの行動のダイナミックス（時間を通じた変化）を明示するために、**図7-3**のようなグラフを用いるとわかりやすい。いま、プレイヤーの行動は協力するかしないの二者択一ではなく、0と1の間の実数で表された協力レベルxの選択とする。例えば、xは余裕資金のうち慈善事業への寄付金額の割合である。

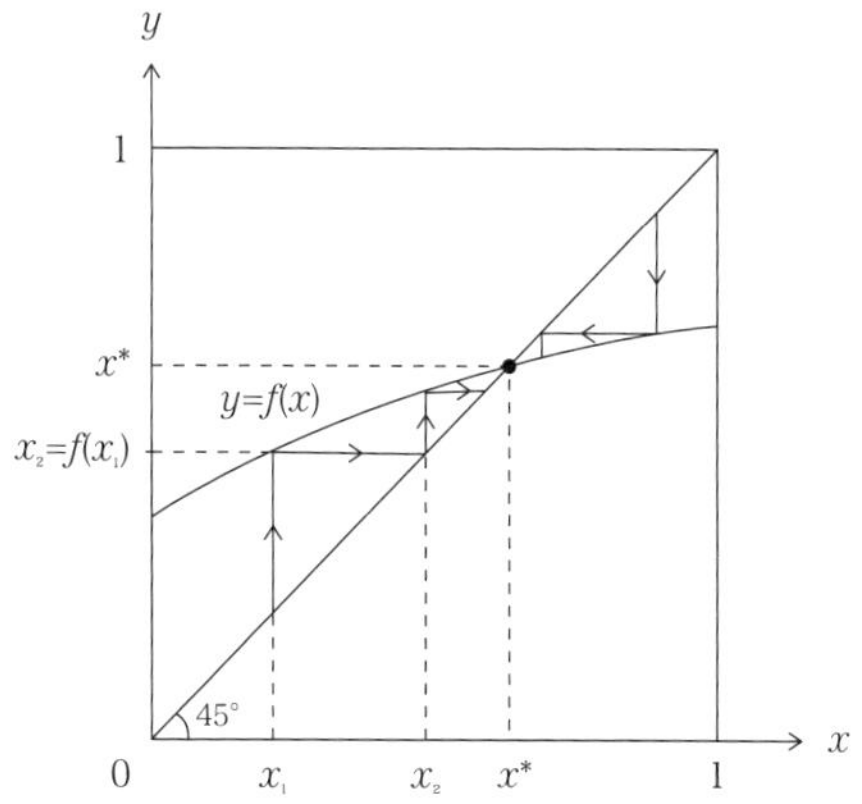

図7-3　社会行動のダイナミックス

他の人びとの協力レベルxに対する個人の最適な協力レベルを$y = f(x)$で表す。このような関数$f(x)$をプレイヤーの最適応答関数という。

最適応答関数$f(x)$のグラフの形状はさまざまであるが、典型的な性質として、他の人びとの平均的な協力レベルが上がると、個人の協力レベルも上がるというものがある。例えば、慈善事業への寄付金額の平均値が上がるにつれて、個人の寄付金も上がる。また、選挙の予想投票率が上がると、有権者が投票に行くインセンティブが上がり、投票に行く確率が上がる。このように、他の人びとが協力する平均レベルが上がるにつれて個人の協力レベルが上がるとき、協力行動は戦略的補完性をもつという。

協力行動が戦略的補完性をもつとき、プレイヤーの最適応答関数のグラフは図7-3のように右上がりになる。最適応答曲線と45度線の交点x^*では、集団内の協力レベルの割合がx^*のとき、個々のプレイヤーの最適な協力レベルはx^*である。したがって、協力レベルの割合x^*は変化せず、x^*はナッシュ均衡である。

ナッシュ均衡の左側の点x_1では、プレイヤーの最適な協力レベルは$x_2 = f(x_1)$である。したがって、点x_1は点x_2に移行する。プレイヤーの最適応答が繰り返されると、協力レベルは単調に増加しナッシュ均衡x^*に近づく。逆に、ナッシュ均衡の右側では、協力レベルは単調に減少しナッシュ均衡x^*に近づく。

クリティカル・マス

最適応答関数のグラフが図7-4のようなゲームを考える。最適応答関数のグラフは45度線と3つの点A、B、Cで交わり、交点A、B、Cはナッシュ均衡である。

ナッシュ均衡Aの近くでは、プレイヤーの最適応答によって協力レベルは点Aに収束するので、ナッシュ均衡Aは安定点である。同じように、ナッシュ均衡Cも安定点である。

点Bもナッシュ均衡であるが、プレイヤーの最適応答によって近くの点は点Bから遠ざかってしまい不安定である。点Bより協力レベルが低いと、社会の協力レベルは単調に減少し、協力レベルの低いナッシュ均衡Aに収束する。一方、点Bより協力レベルが高いと、社会の協力レベルは単調に増加し、協力レベルの高いナッシュ均衡Cに収束する。

点Bは、社会全体の協力レベルが増えるための最小の協力レベルであり、協力のためのクリティカル・マスと呼ばれる。協力レベルがクリティカル・マスを超えると、人びとの合理的な行動の結果、協力レベルは「自然に」増えていき、長期的には高い協力レベルのナッシュ均衡が実現できる。

パンデミック下の外出自粛行動

２０１９年12月に中国湖北省武漢市において確認された新型コロナウイルス感染症はパンデミック（世界的な大流行）となり、世界各国の人びとの日常生活を大きく変えた。

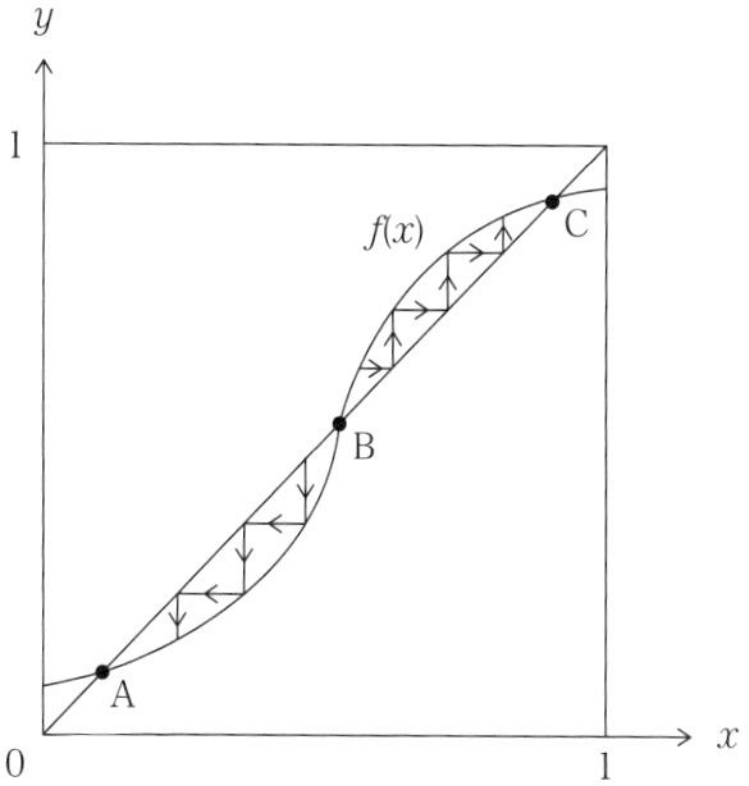

図7-4　協力のためのクリティカル・マス

感染症を抑えるためには、家庭、職場、学校等で手洗いやマスクの着用などの公衆衛生対策を徹底するとともに、他人との接触を避けることが必要不可欠である。各国の政府は、人びとに外出自粛を呼びかけ、多くの国ではロックダウン（都市封鎖）の政策がとられた。

パンデミック下の外出自粛の決定は、大多数のプレイヤーが参加するゲームである。個人の行動は、外出自粛をする（協力行動）か、しない（非協力行動）である。外出自粛をする人の割合をxとすると、xは0と1の間の実数である。外出したときに感染する確率を、$p(x)$とおく。

図7-5は、感染確率$p(x)$のグラフを示している。横軸は外出自粛する人の割合xを表し、縦軸は外出する個人の感染確率$p(x)$を表している。多数の人が外出を自

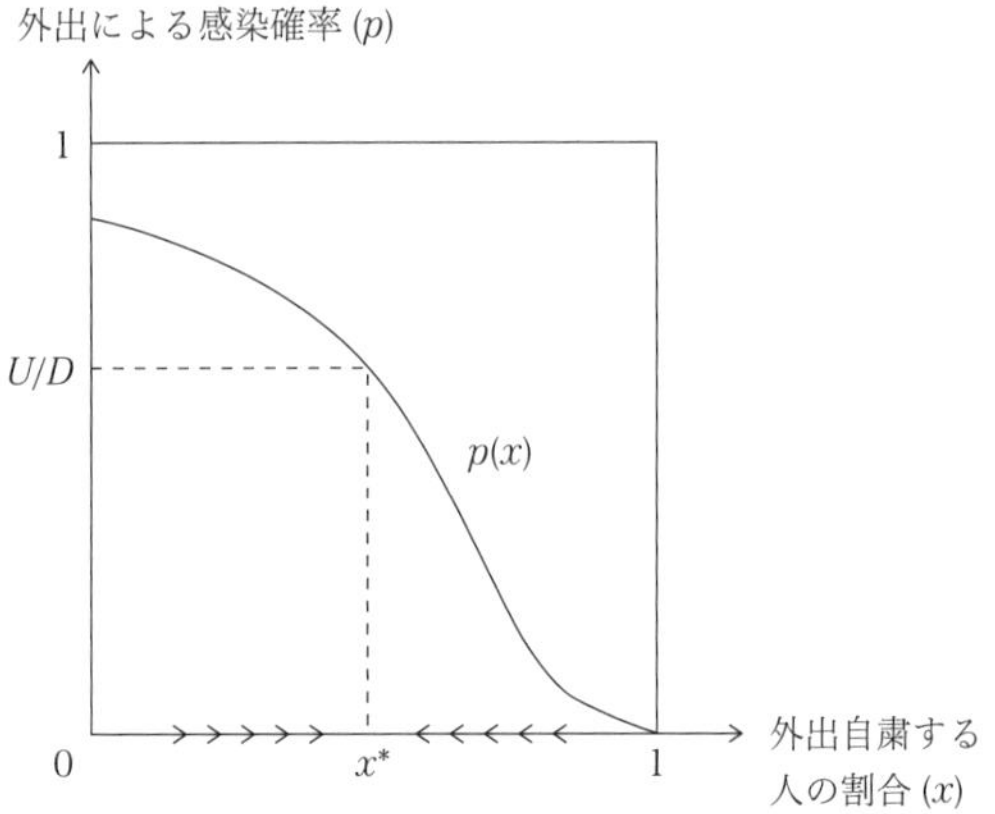

図7-5　パンデミック下の外出自粛行動

粛するほど感染リスクが低くなるので、感染確率 $p(x)$ のグラフは右下がりである。また、全員が外出自粛する $(x=1)$ とき、感染確率 $p(1)$ は0である。

図7-5を利用して、外出自粛ゲームのナッシュ均衡を求めることができる。外出しないときの利得を基準（ゼロ）にとる。外出したときの経済的利得を U とし、感染したときの医学的および経済的な損失を D とすると、外出するときの期待利得は、$U-p(x)\times D$ である。この値がプラスである、すなわち、感染確率 $p(x)$ が U/D より小さいならば、個人の最適行動は外出することである。逆に、感染確率 $p(x)$ が U/D より大きいならば、個人の最適行動は外出を自粛することである。感染確率 $p(x)$ が U/D と等しい x の値 x^* がナッシュ均衡である。

図7-5では、ナッシュ均衡 x^* の右側では、プレイヤーの最適行動は外出することなので、x は単調に減少してナッシュ均衡に近づく。逆に、ナッシュ均衡 x^* の左側では、プレイヤーの最適行動は外出自粛することなので、x は単調に増加してナッシュ均衡に近づく。ナッシュ均衡 x^* は安定点である。**図7-5**の横軸に、x の変化が矢印で示されている。

政府の規制がないとき、外出自粛する人の割合はナッシュ均衡 x^* のレベルである。この割合がパンデミックを抑えるために十分でないならば、政府による外出規制の措置が必要となる。多くの国で実施されたロックダウンは、人の外出を禁止、制限する直接的な規制である。ロックダウンのような人びとの生活に大きな影響を与える措置をとる前に、政府は人びとの行動の変容をうながす間接的な措置をとることが望ましい。

図7-5のナッシュ均衡からわかるように、外出自粛する人の割合を増やすためには、外出の利得と感染の損害の比率 U/D を下げることが必要である。比率 U/D を下げることによって、外出を自粛する人の割合が増え、感染確率が下がる。人びとは、利得 U と損害の値 D を誤って見積もるかもしれない。外出する人の中には、不要不急の外出にもかかわらず、外出の利得が大きいと判断していたり、感染したときの損害を過少に評価したりする可能性がある。人びとが感染の損害を冷静に評価できるように、政府や自治体は感染症の正確な情報を迅速に提供することが必要である。

一方、外出自粛する人が増えると経済活動が停滞するというマイナスの影響がある。経済活動を停滞させないで感染流行を抑えるためには、感染確率 $p(x)$ のグラフを下方に下げることが必要である。図7-5からわかるように、感染確率 $p(x)$ のグラフを下方に下げることで、ナッシュ均衡の感染確率は変わらずに感染流行を拡大させないで外出自粛する人の割合が減り、経済活動へのマイナスの影響を抑えることができる。

ケインズの美人投票の物語

株式市場は、大多数のプレイヤーが参加するゲームである。プレイヤーは、一般の個人投資家の他に、国内の機関投資家、外国系のヘッジファンド、政府系ファンド、仕手筋などさまざまなプロ投資家である。投資家の行動原理は一様ではない。とくに、仕手筋の関心は、長期的な企業収益や経済のファンダメンタルズではなく、いかに他のプロ投資家を出し抜くかである。

イギリスの大経済学者ケインズは、著作『雇用・利子および貨幣の一般理論』の中で、玄人筋の投資家の行動を、次のように記述している（ケインズ 1936＝1995，１５４頁）。

「玄人筋の行う投資は、投票者が一〇〇枚の写真の中から最も容貌の美しい六人を選び、その選択が投票者全体の平均的な好みに最も近かった者に商品が与えられるという新聞投票に見立てることができよう。この場合、各投票者は彼自身が最も美しいと思う容貌を選ぶのではなく、他の投票者の好みに最もよく合うと思う容貌を選択しなければならず、しかも投票者のすべてが問題を同じ観点から眺めているのである。（中略）われわれが、平均的な意見はなにが平均的な意見になると期待しているかを予測することに知恵をしぼる場合、われわれは三次元の領域に到達している。さらに四次元、五次元、それ以上の高次元を実践する人もあると私は信じている。」

この物語にある新聞投票は、ケインズの美人投票と呼ばれている。玄人筋の投資ゲームでは、投資家は、平均的な投資家がどう行動するかを予測する（一次元の予測）だけでなく、平均的な投資家が平均的な投資家の行動をどう予測するかを予測し（二次元の予測）、さらに、平均的な投資家の二次元の予測を予測する（三次元の予測）など、投資家どうしで予測の予測という連鎖が続く。ケインズは、仲間を出し抜き、手っ取り早く金儲けをしたい投機家の存在と不確実性により、株式市場は不安定にならざるをえないと論じた。

ケインズの美人投票の物語から、次のようなゲームが考案されている。

「多数のプレイヤーがそれぞれ1から100までの実数を1つ選ぶ。選ばれた数字の平均値をp倍した数字に最も近い数字を選んだ人がゲームの勝者である。ただし、pは0と1の間の数である。複数の勝者があれば、くじで勝者を選ぶ。」

このゲームは、選ばれた数字の平均値（のp倍）を推測するゲームなので、平均値推測ゲームと呼ばれている。ケインズの美人投票は、p値が1の場合である。

ゲームのナッシュ均衡を求めてみよう。例として、p値を0・7とする。平均値の0・7倍の値を目標値と呼ぶ。平均値は0と100の間であるから、目標値は0と70の間である。したがって、70より大きい数字を選んでもゲームに勝てない。この事実をプレイヤー全員が知るとゲームは0から70までの数字を選ぶゲームとなる。新しいゲームでは、上と同様の議論によって、$49=70\times0.7$より大きな数字を選ぶことは合理的でない。したがって、ゲームは、0から49までの数字を選ぶゲームとなる。

このように、推論を続けると、プレイヤーが選ぶ数字の上限は、100に$0.7, 0.7^2, 0.7^3, \cdots$を掛けた数になり、推論の回数が大きくなると、限りなく0に近づく。残る数字は0だけであり、「全員が0を選ぶ」状態がただ1つのナッシュ均衡である。

実際の人びとは、平均値推測ゲームをどのようにプレイするだろうか？　理論通り、戦略の読み合いを深くできるだろうか？

平均値推測ゲームの実験

平均値推測ゲームの最初の実験は、ドイツでp値が2/3の条件で行われた（Nagel 1995）。15名から18名の被験者が参加し、選ばれた数字の平均値は36・73（中央値33）であった。ナッシュ均衡の数字0を選んだ被験者はなく、10以下の数字を選んだ被験者は全体の6％であった。同じ被験者がゲームを4回プレイし、毎回、前回のゲームの結果が全員に知らされると、被験者の選ぶ数字は減少し、最終回の平均値は9・23でナッシュ均衡に近づいた。

被験者の行動を説明するために、「0と100の中間値50を参照点として選び、それから1、2回の深さで他の被験者の戦略を推論し、33か22に近い数字を選ぶ」という仮説が提案されている。

ケインズの美人投票の物語のように、実際の新聞読者が平均値推測ゲームをどうプレイするかを検証する実験（Bosch-Domenèch 他 2002）では、イギリスで1476人、スペインで3696人、ドイツで2728人の読者が参加した。p値が2/3のとき、読者が選んだ数字の平均値は、イギリスでは18・91、スペインでは25・47、ドイツでは22・08であり、実験結果は、国の違いや多様な読者層にもかかわらず、大きくは変わらなかった。とくに、選ばれた数字の分布はどの国でも33、22とナッシュ均衡の0に3つの山をもつものであった。

バブル現象

投機によって株式、商品や不動産の市場価格が経済のファンダメンタルズとかけ離れて異常に高騰する現象を、バブル（泡沫）という。ケインズは、投機によるバブルを次のように警告している（ケインズ 1936＝1995，１５７頁）。

「投機家は、企業の着実な流れに浮かぶ泡沫としてならば、なんの害も与えないであろう。しかし、企業が投機の渦巻のなかの泡沫となると、事態は重大である。」

経済史で有名な3つの古典的なバブルは、17世紀と18世紀のヨーロッパを舞台に発生した（コラム10）。バブルは、国や年代を問わず少なくない頻度で発生し、人びとの生活や経済社会に大きな損害と混乱を引き起こした。20世紀のバブルをみてみよう。

１９２９年10月24日の木曜日（暗黒の木曜日）、ニューヨークの証券取引所では、朝から売り注文が殺到し、午前中の株価は大きく値下がりした。午後には一旦もち直したが、翌週の火曜日（暗黒の火曜日）には9月のピーク時の6割まで株価は下がった。それ以後、アメリカ経済は大不況に陥り、１９３年までに６千の銀行が倒産し、全労働者の25パーセントにあたる１３００万人が失業した（秋元2009，30頁）。

アメリカ経済の大不況は、世界経済に連鎖した。１９３０年3月、アメリカ議会は関税率を平均13％引き上げるホーリー＝スムート法案を成立させた。各国もそれに対抗して関税を引き上げ、世界貿易は縮小した。1933年3月、フーバー大統領に代わってアメリカの新しい大統領に就任したルーズベルト大統領は、大不況から立ち直るためにニューディール政策をとった。

日本経済は1990年前後に大きなバブルを経験した。1989年末、日経平均株価は3万8915円の史上最高値をつけた後、年明けから急落した。その後も下落は止まらず、1992年8月には1万4309円となり、ピーク時の約6割が下がった（翁他 2000）。歴史の時間を戻すと、1986年初の平均株価は約1万3千円であり、そのころから上昇を続けた。途中、1987年10月のニューヨーク市場での大幅下落（ブラックマンデー）の影響はあったものの、東京市場の平均株価は4年間で3倍になった。

土地の価格は、やや遅れて株価と同じような動きを示した。1986年頃から東京圏の商業地の価格が上昇し、それが住宅地の上昇を引き起こした。東京圏の土地価格の上昇は、大阪、名古屋などの大都市圏、さらに地方都市に波及し、1990年代初めまで続いた。市街地価格指数は、1990年9月には、1985年9月と比較すると約4倍の水準にまで上昇した。その後、下落に転じ、1999年にはピーク時の約8割もの大幅な下落となった（翁他 2000）。

1989年5月に日本銀行は公定歩合を2・5%から3・25%に引き上げ、その後、1990年8月に6%まで数回の引き上げを実施した。大蔵省（現財務省）は1990年3月に不動産融資の総量規制の行政指導を実施した。1992年8月には株価はピーク時の約4割弱に下がった。全国の平均公示地価は1992年に急落し、その後、2006年まで下落し続けた（国土交通省 2020）。バブルが崩壊した後、日本経済は「失われた20年間」と言われる長い低迷期に入った。日本におけるバブルの発生と崩壊は、当時の世界経済の情勢およびそれに対応する日本銀行の金融政策と政府の財政政策が大きく関係している。

バブルは、不合理な群集心理や投機的な行動だけで説明できるわけではない。ケインズの次の洞察は、現在でも貴重である（ケインズ 1936=1995, 160 頁）。

「すべてが不合理な心理の波に依存すると結論してはならない。反対に、長期期待の状態はしばしば着実であって、そうでない場合さえ、他の諸要因がそれを埋め合わすような効果を及ぼしている。ただわれわれは、次のことを想い起こしているのである。すなわち、将来を左右する人間の決意は、それが個人的なものにせよ政治的なものにせよ経済的なものにせよ、厳密な数学的期待値に依存することはできず――なぜなら、そのような計算を行うための基礎が存在しないからである――車輪を回転させるものはわれわれの生れながらの活動への衝動であって、われわれの合理的な自己は、可能な場合には計算しながらも、しばしばわれわれの動機として気まぐれや感情や偶然に頼りながら、できるかぎり最善の選択を行っているのである。」

投機ゲーム

政治経済の多くの要因が複雑に関わりバブルは発生し崩壊するが、その背景には人間の投機行動がある。バブルの原因となる投機行動についてゲーム理論の研究をみてみよう。

投機は、利用価値のない資産や商品が将来、必ず値上がりするという強気の予想を投資家がもつことで起こる。しかし、もし将来、誰にも売れなければ、資産価値は経済のファンダメンタルズによって決まり、投資家にとってはただの「紙クズ」同然になる。何らかのきっかけでこの事実を投資家が予想すれば、経済の歯車は逆回転を始め、価格は暴落する。

投機のゲームは、トランプの「ババ抜き」ゲームに似ている。最後までジョーカーをもっているプレイヤーがゲームに負ける。

人びとの投機行動を研究するために、次のような投機ゲームが考案されている（Ball and Holt 1998）。

n人のプレイヤーの各々は、最初に3枚の資産カードをもっている。資産市場で資産カードの取引が行われ、取引後に保有する資産カード1枚につき1ドルの配当金がもらえる。配当金をもらった後で、資産カードは、サイコロを振って確率1/6で無価値になる可能性があるが、残りの確率5/6で保有している資産カードを、次の取引にもち越せる。

資産市場は、10回のラウンド、繰り返される。10ラウンドが終わった後に保有する資産カード1枚につき6ドルの払い戻し金をもらえる。

投機ゲームでは、初期に保有する資産カードの価値は、サイコロの目という偶然の出来事によって定まり、プレイヤーにとって不確実である。最も幸運な場合は、配当金1ドルを10回受け取り、さらに6ドルの払い戻し金がもらえるので、1枚の資産カードは16ドルの価値がある。最も不運な場合は、最初のラウンドで配当金1ドルを受け取って無価値になるので、1ドルの価値しかない。プレイヤーたちはさまざまな思惑をもって資産カードを取引する。

取引ルールは、次のようである。資産カードが1枚ずつ取引される。プレイヤーは、定まった取引時間（例えば2分）内にいつでも買値（アスク）と売値（ビッド）を提示できる。また、提示された価格に対して、売り買いの意思表示ができる。複数のプレイヤーが同時に価格の提示や売買の意思表示をした場合は、取引人（レフリー）が1人を指名する。資産カード1枚の取引が成立すれば、これまでの買値と売値はすべてキャンセルされて新しい取引が始まる。このような取引ルールを、ダブル・オークションという。

取引時間が過ぎれば、1回のラウンドの市場は終了し、プレイヤーは保有している資産カード1枚につき1ドルの配当金をもらう。次に、プレイヤーの保有する資産カードごとに、取引人がサイコロを振って次のラウンドにもち越せるかどうかを決める。

投機ゲームにおけるプレイヤーの合理的な意思決定を考えてみよう。逐次合理性の公準4-1（第4章）に従って、後向き帰納法を用いて、最後のラウンドの取引から合理的な意思決定を求めればよい。

初めに、最後のラウンドの市場を考える。資産カード1枚につき1ドルの配当金と確率5/6で6ドルの払い戻し金があるので、取引前の資産カード1枚の期待価値は6ドル（=1+6×5/6）である。したがって、プレイヤーは期待価値6ドル以上ならば資産カードを売り、6ドル以下ならば資産カードを買う。これより、資産カードの取引で売り手と買い手がともに利益を得ることはないから、合理的な投資家の間では資産カードの取引はないか、あっても期待価値の6ドルでしか取引されない。

次に、第9ラウンドの市場を考える。資産カード1枚につき1ドルの配当金があり、確率5/6で次のラウンドにもち越せる。10ラウンドでの資産カード1枚の期待価値は6ドルなので、取引前の資産カード1枚の期待価値は6ドルである。したがって、10ラウンドと同じく、資産カードの取引はないか、あって6ドルでしか取引されない。

同様の論法で、第8ラウンドから最初のラウンドまでのすべての市場で資産カードの期待価値は6ドルであり、資産カードの取引はないか、あっても損得がない。

このように、合理的な投資家は、資産の将来価値を正しく計算できるので、取引価格は資産の期待価値から乖離することはなく、バルブは発生しない。

経済学では、投資家が将来価格を合理的に予測できるという前提に立つ資産市場の理論を、合理的期待理論という。もし6ドルより高い価格で取引が行われるならば、それはゲームの参加者の投機によるバブル現象である。

アメリカで行われた実験（Ball and Holt 1998）では、被験者が5つの投資チームに分かれ、投機ゲームをプレイした。最初の2つのラウンドでは6ドルよりやや低い価格で取引されたが、第3ラウンド以後、取引価格は6ドル以上に上昇した。第7ラウンドでは8ドル以上の価格で取引され、バブルが発生した。取引された資産カードの枚数は、第3ラウンドと第4ラウンドが最も多かった。第8ラウンドで価格が7ドルに下がり、最後の2つのラウンドでは取引が成立せず、バブルは崩壊した。資産価値6ドル以上の価格で買って資産カードを売れなかった投資チームは、バブルの崩壊により損失を被った。

合理的バブル

理論上、合理的な投資家だけが参加する投機ゲームでバブルが発生しない理由は、資産市場の終点が投資家全員の共有知識（第4章）であり、投資家は市場の終点にさかのぼって資産の将来価値を合理的に計算できるからである。もし市場の終点が投資家の共有知識でなければ、合理的な投資家の間でもバブルが発生する可能性がある。とくに、投資家が「市場はいつまでも続き、将来、価格は必ず高騰する」という楽観的な期待をもてば、投機によるバブルが発生する。このことを、次の投機ゲームで考えてみよう（Moinas and Pouget 2013）。

3人の投資家が、土地やマンションなどの資産を買って他人に売るという逐次的な取引を行う。ただし、資産には欠陥があり、利用価値はゼロである。投資家は、初期資金1と銀行からの借入金で価格pの資産を買い、それを高く売ることで利益を得る。投資家は負債について有限責任をもち、初期資金1以上の損失はない。

資産価格pは、取引が行われるごとに10倍に高騰し、投資家と銀行は、出資比率の1対$p-1$でキャピタル・ゲイン$10p$を分配する。初期資金1を投資してp円で購入した資産を$10p$円で売ることができれば、投資家は、利益10（キャピタル・ゲイン$10p$の$1/p$倍）を得るので、投資の収益率は10倍である。もし売れなければ、損失pを出資比率の1対$p-1$で投資家と銀行が負担するので、投資家の損失は1（利得はゼロ）である。投資家の選択は、資産を買うか買わないかである。

初期の資産価格pはランダムに決まり、1、10、10^2、10^3、…、のいずれかである。自然数nに対して資産価格が10^nである確率は$(1/2)^{n+1}$である（このような分布を幾何分布という）。例えば、価格が1である確率は0・5、価格が10である確率は0・25、価格が100である確率は0・125である。

3人の投資家が取引する順序はランダムに決まり、投資家は自分が何番目であるかを知らない。このため、実際は最後のトレーダーであっても、投資家は将来、取引機会があるという期待をもつ。

投機ゲームは、次のようにプレイされる。

(1) 最初の投資家が、資産の初期価格p_1をみて買うかどうかを決める。もし買わなければ、ゲームは終了する。3人の投資家の利得は初期資金1である。もし買えば、ゲームは次に進む。

(2) 資産価格は10倍の$10p_1$になり、2番目の投資家は、価格$10p_1$をみて買うかどうかを決める。もし買わなければ、ゲームは終了する。最初の投資家は、損失1を被り利得ゼロである（資金を貸した銀行の損失は、p_1-1である）。他の2人の投資家の利得は1である。もし第2番目の投資家が買えば、ゲームは次に進む。

(3) 資産価格はさらに10倍になり、最後の投資家は、価格$100p_1$をみて買うかどうかを決定し、ゲームが終了する。もし投資家が買わなければ、最初の投資家の利得は10である（$10p_1$の$1/p_1$の比率分）。2番目の投資家の利得はゼロである。最後の投資家の利得は1である。もし最後の投資家が買えば、1番目と2番目の投資家の利得は10である（第2番目の投資家の利得は、キャピタル・ゲイン$100p_1$の$1/10p_1$の比率分）。最後の投資家の利得はゼロである。

この投機ゲームは、不完全情報ゲームであるので、一般化された逐次合理性の公準4-2（第4章）をみたす完全ベイジアン均衡での投資家の合理的な意思決定を求めてみよう。

投資家が資産を買うかどうかの選択は、取引機会が最後かどうかによって決まる。もし最後であれば、購入しても利得はゼロであるので、明らかに合理的な選択は購入しないことである。ゲームでは、投資家は自分が最後のトレーダーであるかどうかを知らないから、資産価格からその確率を推測しなければならない。

もし資産価格が1か10であれば、最後のトレーダーである確率はゼロである。なぜならば、価格は1回の取引が終わるごとに10倍されるので、最後のトレーダーにとって資産価格は１００以上であるからである。もし資産価格が１００であれば、次の３つの場合がありうる。

① 自分が最後のトレーダーであり、1が初期価格である。
② 自分が２番目のトレーダーであり、10が初期価格である
③ 自分が最初のトレーダーであり、１００が初期価格である。

初期価格の分布より、①の確率は1/2、②の確率は1/4、③の確率は1/8である。これより、価格が１００のとき、最後のトレーダーである条件付き確率は、ベイズの公式（第４章）より、4/7（＝1/2÷(1/2+1/4+1/8)）である。同じ論法で、１００より大きな価格であっても、最後のトレーダーである条件つき確率は4/7である。

利用価値のない資産でも投機の思惑によって、「すべての投資家が1、10、10^2、…、のどんな価格でも資産を購入する」という完全ベイジアン均衡が存在することを示そう。投機により資産価格が高騰し合理的バブルが発生する。

議論を簡単にするために、投資家はリスク中立的として、利益 x に対する投資家の効用を $u(x)=x$ と

する。最初に、資産価格が100以上の場合を考える。もし投資家が資産を買えば、確率3/7で最後のトレーダーでなく売却によって効用10を得る。また、確率4/7で最後のトレーダーであり、効用ゼロを得る。したがって、資産を購入するときの期待効用は30/7である。資産価格が1か10の場合は、最後のトレーダである確率はゼロであるから、資産を購入するときの期待効用は10である。一方、資産を購入しないときの効用は1である。これより、価格が何であっても、資産を購入することが投資家の合理的な選択となる。投資家がリスク中立的でない一般のケースでも、$(3/7)u(10)+(4/7)u(0)>u(1)$であれば、購入することが投資家の合理的な選択となる。

合理的バブルが発生する完全ベイジアン均衡をみたが、「3人の投資家はどんな価格でも資産を購入しない」という完全ベイジアン均衡も存在する。この均衡では、投資家が資産を購入しても売れないので、利益はゼロである。購入しなければ利益は1であるので、購入しないことが投資家の合理的な選択である。

合理的バブルが発生する原因は、市場の投資家全員が「自分は最後のトレーダーではなく、将来、買った資産を10倍の高い価格で売れる可能性が高い（確率3/7）」という楽観的な期待をもつからである。もし資産価格に物理的な上限があり、ある時点でこのような楽観的な期待をもつことは合理的でないと投資家が気づくならば、合理的バブルは発生しない。次に、このことをみてみよう。

資産価格が際限なく高騰することはなく、資産価格の上限を$100P$とする。ただし、$P=10^k$（kは自然数）とする。また、この事実がすべての投資家の共有知識であるとする。資産価格の最大値$100P$を始点に、後向き帰納法により投資家の合理的な意思決定を求めることができる。

最初に、資産価格が100Pとする。このとき、投資家は自分が最後のトレーダーであることを知るから、資産を買わない。これを推論すると、資産価格が10Pであるとき、購入しても売れないので、資産を買わない。以後、同じ論法が成立し、価格がどのようなものでも資産を購入しないことが合理的な選択である。したがって、資産価格に上限がある場合、合理的バブルは発生しない。何らかの理由で投資家が楽観的な期待をもつことがなくなるや否や、バブルはすぐに崩壊する。

投機ゲームの実験がフランスで行われた（Moinas and Pouget 2013）。資産価格の上限がなく、理論上は合理的バブルが発生する場合、資産価格が1または10（確率0・75）のときは、100%の頻度で取引が行われた。資産価格が10^6以下（確率0・99）のときでも、50%以上の頻度で取引が行われた。初期資産価格の上限が100または10、000であり、理論上は合理的バブルが発生しない場合でも、資産価格が1と10のときは、ほぼ90%以上の頻度で取引が行われた。被験者の行動は先読み推論に基づくものではなかった。

実験では、資産価格の上限がない場合、完全ベイジアン均衡の理論通り、合理的バブルが発生した。被験者は「資産価格は将来上昇する」という楽観的な期待をもち、経済価値のない資産を取引した。一方、資産価格の上限があることを被験者全員が知る場合でも、理論予測とは異なり、資産価格が低い場合には90%以上の頻度で取引が行われバブルが発生した。被験者は、資産価格には上限がないものと誤認し、「資産価格は際限なく上昇する」という楽観的な期待をもち、投機的な投資を行った。

ランダムマッチング・ゲーム

大多数社会では、人びとは社会の全員1人ひとりと直接、相互作用をもつよりは、一部の人と偶然に出会って、交友、結婚、就職、取引などのさまざまな人間、社会、経済関係をもつ。

このように、プレイヤーの母集団の中からランダムに選ばれた2人または（あまり多くない）複数のプレイヤーがゲームをプレイする状況を、ランダムマッチング・ゲームという。ランダムマッチング・ゲームでは、プレイヤーの母集団の行動分布が個々のプレイヤーの意思決定に大きな影響をもつ。

評判と社会規範

大多数社会では、人びとは付き合ったことのない見知らぬ人と経済取引などさまざまな交流をもつ。とくに、ヒト、お金、モノが国境を越えて自由に行き来するグローバル社会では、取引の機会が大きくなる一方で、見知らぬ相手との取引にはリスクが伴う。

見知らぬ相手との取引のリスクを軽減し円満な取引を実行するために、人びとは口コミ、評判などのさまざまな社会情報を利用する。社会情報の例は、数多い。例えば、ネットオークションでは、出品者や入札参加者の信用度を表す評価スコアが利用される。カード会社は、クレジットカードの新規申し込みに対して、年収などの本人情報と過去の取引歴などの信用情報にもとづいて入会審査を行う。欧米の大学や大学院の入学試験では、指導教員による推薦状の評価が合格の大きな決定要因である。

人びとの行動を規制する社会規範が取引や協力を可能にし、社会秩序の維持に大きな役割をもつ。村社会のような少人数社会では、人びとは相互に行動を監視できるから、社会規範は成立しやすい。しかし、大多数社会では、見知らぬ相手と交流することが多く、社会規範の成立は困難である。どのようにして大多数社会の社会規範が成立するだろうか？　また、どのような条件の下で人びとは社会規範に従うだろうか？

答えの鍵となるのが、評判の社会情報である。見知らぬ相手どうしが関係をもつ大多数社会では、人びとは評判の良い相手とだけ取引したい。どのようにして評判の社会情報が社会規範の成立を可能にするかを、ゲーム理論を用いて考えてみよう。

間接互恵性――あなたを助ければ誰かが助けてくれる

社会規範とは、行動と評判の社会的ルールのことである。囚人のジレンマにおける協力行動の社会規範を考えよう

プレイヤーが協力行動をとるためには、協力する方が協力しないより利得が大きいことが必要である。囚人のジレンマの1回プレイでは、これは不可能である。繰り返しゲームの理論（第5章）によると、2人のプレイヤーが際限なく囚人のジレンマをプレイするとき、裏切られたプレイヤー本人が仕返しをするという直接的な互恵主義の行動ルール（しっぺ返し戦略）によって裏切りを抑止できる。

しかし、毎回、見知らぬどうしがゲームをプレイする状況では、裏切られたプレイヤー本人が相手に仕返しをすることはできない。裏切られたプレイヤーに代わって、集団内の他のプレイヤーが裏切ったプレイヤーを処罰することが必要である。これを、コミュニティによる執行という（Kandori 1994）。コミュニティによる執行が可能であるためには、社会規範から逸脱したプレイヤーを他のプレイヤーが識

別できる評判が必要である。

いま、評判のルールとして、「良いタイプ」と「悪いタイプ」の2通りのラベル（社会情報）があり、ラベルの1つが各プレイヤーに付けられているとする。プレイヤーの行動ルールとして、

「良いタイプとは協力するが、悪いタイプとは協力しない」

という社会規範を考える。どのような評判ルールの下で、この行動ルールに従うことが個々のプレイヤーにとって合理的だろうか？　協力しないプレイヤーを処罰する必要があるので、自然な評判ルールとして、

「協力したプレイヤーは良いタイプ、協力しなかったプレイヤーは悪いタイプと評価される」

が考えられる。この評判は、協力した、しなかったという行動に関する一次情報を伝えるものである。

しかし、この評判の下では協力の社会規範は成立しないことがわかる。協力の社会規範が成立するためには、「協力した相手を裏切ったプレイヤーを処罰する」ことが必要であるが、処罰することはプレイヤーにとって合理的ではない。なぜならば、もし処罰のために協力しなければ、自分に「悪いタイプ」という評判が立って、逆に、将来、他のプレイヤーから処罰されてしまうからである。このため、協力した相手に協力しなかったプレイヤーに出会っても、プレイヤーは自分の評判を良くするために処

罰せずに協力行動をとる。これを合理的に推論すれば、プレイヤーは協力の社会規範に従わなくなる。協力の社会規範が成立するためには、一次情報にもとづく評判ではなく、「誰に対してどんな行動をとったか」という二次情報にもとづく評判が必要である。例えば、「協力した相手に協力しなかったプレイヤーを処罰すれば良いタイプであり、処罰しなければ悪いタイプである」という評判の付け方である。このような評判の下では、協力した相手に協力しなかったプレイヤーを処罰しなければ、悪いタイプの評判が立ち、将来他のプレイヤーから処罰される。したがって、「協力した相手に協力しなかったプレイヤーを処罰する」行動は、プレイヤーにとって合理的な選択となる。

以上の議論をまとめると、協力の社会規範は、次のような評判ルールの下で成立する。

(i) 協力したプレイヤーは良いタイプと評価される、
(ii) 悪いタイプと協力しなかったプレイヤーは良いタイプと評価される、
(iii) 良いタイプと協力しなかったプレイヤーは悪いタイプと評価される。

協力の社会規範が成立していて、初期では、すべてのプレイヤーは良いタイプであるとしよう。このような社会では、もし協力すれば、良いタイプの評判が維持され、次のゲームで出会うプレイヤーが協力してくれる。しかし、もし裏切れば、良いタイプの評判は悪いタイプの評判に変わり、次のゲームで出会うプレイヤーに仕返しされる。「協力には協力、裏切りには裏切り」という互恵性が他人を通じて間接的に成立するので、評判の下での互恵性を間接互恵性という。間接互恵性は、人間社会における協力行動の基本的なメカニズムの1つと考えられている（Nowak and Sigmund 1998, Ohtsuki and Iwasa 2006）。

コラム10　3つの古典的なバブル事件

経済史で有名な3つの古典的なバブルは、17世紀と18世紀のヨーロッパを舞台に発生した。オランダのチューリップ熱狂（1634―1637年）、フランスのミシシッピ会社事件（1719―1720年）、イギリスの南海会社事件（1720年）である（ガルブレイス 1990＝2008）。

チューリップは、16世紀半ばにトルコからヨーロッパにもたらされた。オランダは新しい品種の開発と栽培の中心になり、観賞用として人気のある珍しい品種の球根は高い価格で取引された。例えば、1625年、センパー・アウグストゥスという品種の球根の価格は、2000ギルダー（約1万6千ドル）であった。高い価格の付くチューリップは投機の対象になり、1636年11月から1637年1月にかけて多くの品種のチューリップの価格が高騰した。一般的な品種の価格でも約25倍に上昇した。同年2月、価格は突然に急落した。ピーク時の1割の価格でも売れなかった。1739年までには、熱狂で高騰した球根の価格は、0・1ギルダー以下に落ち込んだ（Garber 1990）。

フランスのミシシッピ会社事件の主役は、ジョン・ローという金融の「天才」であった。1715年、フランスの財政は、太陽王ルイ14世によるスペイン継承戦争の戦費支出によって破綻し、多額の負債を抱えていた。1716年、ジョン・ローは、ルイ14世の死後に王位についたルイ15世の摂政から銀行券を発行する許可を得て銀行を開設し、翌年には、アメリカ合衆国のルイジアナとの貿易を独占するミシシッピ会社を設立した。1719年には、銀行をロワイヤル銀行と改名し、同年5月にはミシシッピ会社をインド会社に再編成して、外国貿易の特権を得た。7月には、インド会社は貨幣鋳造権を購入し、資金調達のために会社の株を一般公開した。株価は高騰し、7月から11月にかけて約6倍になった。その後、人びとはロワイヤル銀行に銀行券の金への交換を求めたが、国の金保有量は十分でなく、翌年5月に株価は急落し、ピーク時の約5割となった。

新興国との貿易を独占する新会社の設立によってバブルが生じ、やがて崩壊するという現象は、フランスと同時期にイギリスでも起こった。イギリスの南海会社事件は、投資家だけでなく政治家、王侯貴族も参加したバブルであった。1720年、南海会社は国債を引き受けることと交換に、南アメリカ大陸でのスペインの植民地との貿易の独占権を得た。国債購入の資金調達のため、南海会社は議会から新株発行の許可を得た。南海会社は、議会や王族の有力メンバーに多額の賄賂と新株を購入するための現金ローンを提供した。1720年4月から8月までの4回の新株応募で株式を得た政治家の数は、第1回128名、第2回190名、第3回352名、第4回76名であった（Garber 1990）。株価は4月から7月にかけて約3倍に急騰し、9月に急落した。

3つの古典的なバブルにおいて、熱狂した人びとの投資行動が大きな役割を果たしたことは疑いがないが、群集心理の熱狂だけに注目するのは、バブルの本質を見失う危険がある。オランダのチューリップ・バブルでは、消費者の嗜好の変化や商品の希少性があった。フランスとイギリスの2つのバブルでは、国家の多額の負債とそれを引き受ける新会社に貿易の独占権を与えた通商政策や銀行券の発行を許可した金融政策が大きな要因であった。

第8章　信頼

要点

●信頼は、信頼者と被信頼者の間の相互依存関係である。
●信頼は、組織のパフォーマンスや経済成長を向上させる。組織の管理や規制はメンバーの信頼を阻害し、モチベーションを下げる「隠れ費用」を伴う。
●信頼の価値観は世代間で継承され、文化や社会制度と相互に関連する。

信頼は社会の基盤

信頼は社会生活の基盤である。人びとの間で信頼がなければ、ほとんどの社会経済活動は円滑に行われない。信頼は社会の潤滑油と言われる。

家庭生活や友人関係は、信頼の上に成り立っている。経済活動は当事者の間で信頼がなければ不可能である。たとえ可能であっても多大のコストがかかる。例えば、買い手は、売り手が商品を期日までに引き渡すことを信頼して契約し、売り手は買い手が期日までに料金を支払うことを信頼して商品を引き渡す。職場では、雇用者は労働者を信頼し、勤務内容をすべてモニターしない。もし労働者を信頼できずに、業務内容を詳細に規定する雇用契約を作成し実施するならば、多大のコストがかかる。

信頼は、途上国の経済発展や貧困の解消にも大きな役割をもつ。貧しい人びと（とくに女性）は、土地などの担保がないため、銀行から事業を始めるための融資を受けられない。マイクロファイナンス（小口信用貸付）は、担保なしで貧しい人びとのグループに連帯責任の下で少額の資金を貸し付け、人びとが事業によって収入を得ることを援助している。貸し手と借り手、借り手どうしの信頼関係が、マイクロファイナンスが機能するためには欠かせない。

経済学では、取引に要するさまざまな費用を取引費用という。信頼の高い社会では、取引費用が低く、資源を研究開発などの他の有用な目的に投資することができる。

信頼は、信頼者と被信頼者の間の相互依存関係である。信頼者は、被信頼者が自分に損害を与えないことを期待する。信頼者が望むような行動をとる被信頼者は、信頼に応える人、または信頼できる人と評価される。

また、信頼者と被信頼者の関係は一方向だけではなく、それぞれが信頼者と被信頼者の2つの役割をもつ。例えば、囚人のジレンマにおいて、プレイヤーは相手を信頼して協力すると同時に、相手からの信頼に応えて協力する。

信頼ゲーム

信頼は、心理と行動の両面から研究されている（コラム11）。社会学や心理学の分野では、人びとの信頼に対する心理的傾向を分析するために、広くアンケート調査が行われている。ゲーム理論では、信

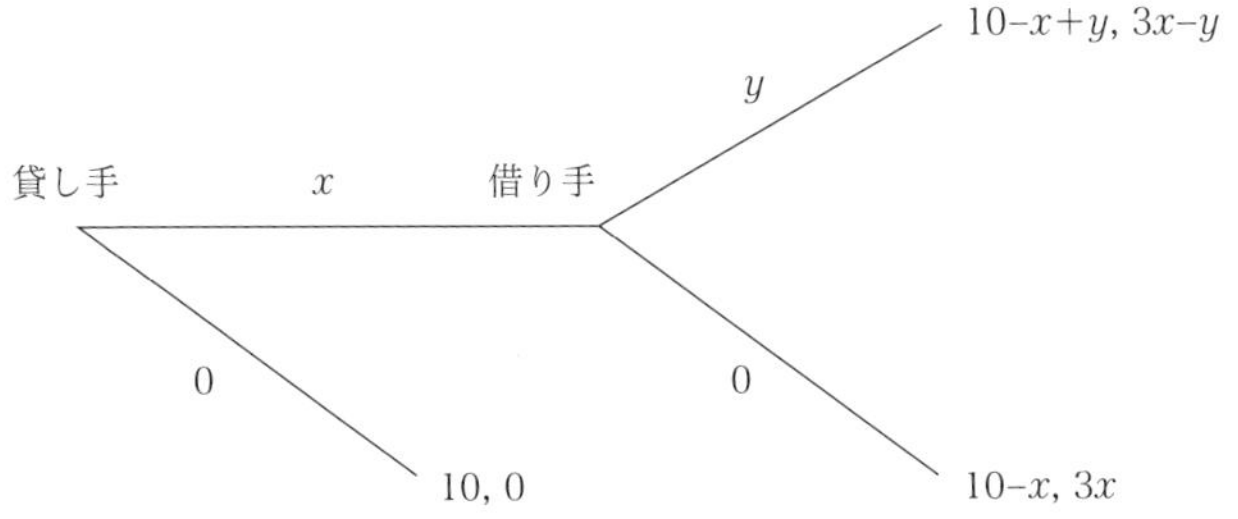

図8-1　信頼ゲーム

頼に関する人びとの実際の行動に注目し、次のような信頼ゲームが考案されている（Berg 他 1995）。

信頼ゲームは、先手と後手の非ゼロ和2人ゲームである。貸し手（先手）は、保有資金wから借り手（後手）に資金xを貸す。xは0とwの間の実数である。借り手は借りた資金xを元手に事業を実施し、xのr倍の収益を得る。ここで、rは事業の収益率であり、1より大きい。借り手は貸し手に返済する義務はないが、自発的に返済してくれることを期待して、貸し手は資金を貸す。

ゲームの最後に、借り手は貸し手に返済する額yを選択する。返済額yは0とrxの間の実数である。貸し手の金銭的利得は$w-x+y$であり、借り手の金銭的利得は$rx-y$である。**図8-1**は、資金wが10で事業の収益率rが3のときの信頼ゲームのゲーム・ツリーを表す。図の終点の利得の組は、左の数字が貸し手の利得、右の数字が借り手の利得を表す。

もし貸し手と借り手が利己的な選好をもち、自分の金銭的利得を最大化するならば、2人の合理的な選択はどうであろうか。返済の義務はないから、借り手は、借りた額にかかわらず貸し手に返済しない（$y=0$）。これを予測すれば、貸し手は借り手に資金を貸さない（$x=0$）。

2人の合理的な選択の結果、貸し手は資金を貸さず、借り手は事業を実施できない。貸し手の利得は保有資金wのままであり、借り手の利得はゼロである。事業の収益率rは1より大きいので、この結果は貸し手と借り手にとってパレート最適でない。有益な事業が実施されず、当事者だけでなく社会にとっても損失である。もし貸し手が保有資金wを貸せば、保有資金wはr倍になる。借り手が借りた額wを全額返済すれば、貸し手に損をさせないで、借り手はプラスの利得$(r-1)w$を得ることができる。

もし貸し手が借り手に資金を貸すならば、貸し手は借り手が「将来、返済してくれる」という期待をもつことを意味し、貸した額は貸し手の借り手に対する信頼の大きさを表す。他方、もし借り手がプラスの額を返済するならば、返済額は借り手が信頼できるかどうかの指標となる。

信頼ゲームの最初の実験は、アメリカの大学生が参加して実施された（Berg他 1995）。実験の条件は、貸し手の保有資金が10ドルで借り手の事業の収益率は3であった。実験結果は、32名の貸し手のうち資金を貸さなかったのは2名だけであり、5名は資金全額を貸した。貸付額は1ドルから10ドルまで広く分布し、平均貸付額は約5・2ドルであった。

一方、1ドルより大きな資金を借りた28名の借り手のうち11名は借りた額以上を返済したが、12名は返済しなかったか、1ドルしか返済しなかった。平均返済額は約4・7ドルであった。

実験では、ほとんどの貸し手は借り手を信頼して資金を貸したが、借り手の半数以上の返済額は少なく、貸し手は金銭的な損失を被った。貸し手は損失のリスクに直面しながら借り手に資金を貸すことがわかる。

信頼と期待

人が他人を信頼するのは、相手が信頼に応えてくれると期待するからである。また、相手からの信頼が期待できるとき、人は信頼に応えようとする。信頼の行為と信頼に応える行為は期待と深く関係する。

信頼と期待の関係を調べる実験が、オランダの大学生が参加して実施された（Dufwenberg and Gneezy 2000）。実験では、財布の拾い主と持ち主という設定で、次のゲームがプレイされた。最初に、拾い主が持ち主に財布を届けるかどうかを選択する。拾い主が財布を届けるならば、持ち主はお礼の金額を選択する。もし届けなければ、拾い主は事前に定まった利得aを得る。財布を届ければ、拾い主は利得aを得る機会を失う。経済学では、利得aを財布を届けることの機会費用という。

もし2人のプレイヤーが利己的で合理的ならば、持ち主は財布を届けられてもお礼をしない。これを予想できるので、拾い主は財布を届けないで、機会費用の利得aを得る。利得aが財布の金額より小さければ、この結果はパレート最適でない。

しかし、もし2人のプレイヤーの関心が金銭的利得だけでないならば、拾い主は財布を届けて、持ち主はいくらかの金額をお礼するかもしれない。拾い主の選択は、持ち主がどのくらいをお礼してくれるか（期待）に依存するだろう。また、持ち主が、「信頼に応えたい」という心理的性向をもつならば、お礼の額は、拾い主にどのくらいお礼を期待されているかによると予想できる。これより、「お礼の額は、拾い主が期待するお礼の額についての持ち主の期待（二次期待）に依存する」という仮説が立てられた。

実験では、財布の金額は20オランダギルダー（約12ドル）、財布の機会費用aの値は4、7、10、13、

16の5通りの条件が設定された。

実験データによると、機会費用aが4のとき、拾い主の全員（総数12名）が財布を届けた。機会費用aの値が大きくなるにつれて財布を届けない頻度が増えた。とくに、機会費用aが16のとき、1人を除く残り全員の拾い主が財布を届けなかった。一方、aの値によらず、持ち主の大半がお礼をした。

実験後に、拾い主の被験者に持ち主からのお礼の期待額（一次期待）を質問し、持ち主の被験者には拾い主が期待するお礼の期待額（二次期待）を質問した。

機会費用aが4のとき、お礼の平均額は7・33であり、拾い主の期待額は7・87であった。拾い主の期待はほぼ当たっている。機会費用が4より大きくなると、機会費用とお礼の平均額にプラスの相関関係はなく、機会費用が7以上のとき、お礼の平均額は機会費用以下であった。拾い主の期待額は実際のお礼の平均額より低い。とくに、機会費用が16のとき、拾い主はお礼の平均額を4・73と低く予想していた。拾い主が財布を届けなかった行動は、お礼の低い予想と期待利得最大化行動から説明できる。

持ち主のお礼の額は、機会費用aが増えても増えず、むしろ少し減少傾向であった。お礼の平均額は、持ち主のお礼の二次期待額とあまり変わらなかった。また、被験者の行動の個別データを調べると、お礼の額と持ち主の二次期待額の間にプラスの相関関係があり、実験データはお礼とお礼の二次期待に関する仮説を支持する。持ち主のお礼の額は、拾い主の信頼に応えたいという感情から説明できる。

裏切られる嫌悪感

他人を信頼することはリスクを伴う。相手が信頼に応えてくれなければ、損失を被ってしまう。このことから、相手を信頼するかどうかは、リスクの下での意思決定問題であり、信頼する人は、リスク回避度が低い人と言えるかもしれない。しかし、信頼行動の決定要因はリスクだけだろうか？　リスクだけでなく、信頼するかどうかは裏切られることへの嫌悪感などの心理的要因にも影響を受けるかもしれない。

信頼の心理的メカニズムを探る実験が、アメリカの大学生とビジネススクールの大学院生が参加して行われた（Bohnet and Zeckhauser 2004）。

実験では、図8-2のような信頼ゲームがプレイされた。左の数字が先手の利得であり、右の数字が後手の利得である。利得の単位は、米ドルである。ゲームでは、先手が行動Aをとれば、後手の行動によって15ドルをもらえるチャンスもあるが、8ドルしかもらえないリスクもある。行動Bをとれば、確実に10ドルもらえる。先手の行動Aは後手を信頼する行動である。逆に、後手が行動1をとれば、先手の利得が15ドルになるので、後手の行動1は先手の信頼に応える行動である。

後手が利己的であれば、行動2をとることが合理的である。これを予想すると、先手は行動Bをとるのが合理的である。その結果、2人の利得は10である。もし行動Aと行動1が選択されれば、2人の利得はともに15であるので、利己的なプレイヤーの合理的行動はパレート最適ではない。後手が行動1をとると期待できるならば、先手は行動Aをとる。

利得xドルに対する先手のフォン・ノイマン＝モルゲンシュテルン効用関数（第2章）を$u(x)$とする。先手が行動Aをとれば、後手が行動1をとる確率pに応じて、先手の期待効用は$u(15)\times p+u(8)\times(1-p)$である。行動Bをとれば、先手は効用$u(10)$を得る。それぞれの効用を比較して、$p$が

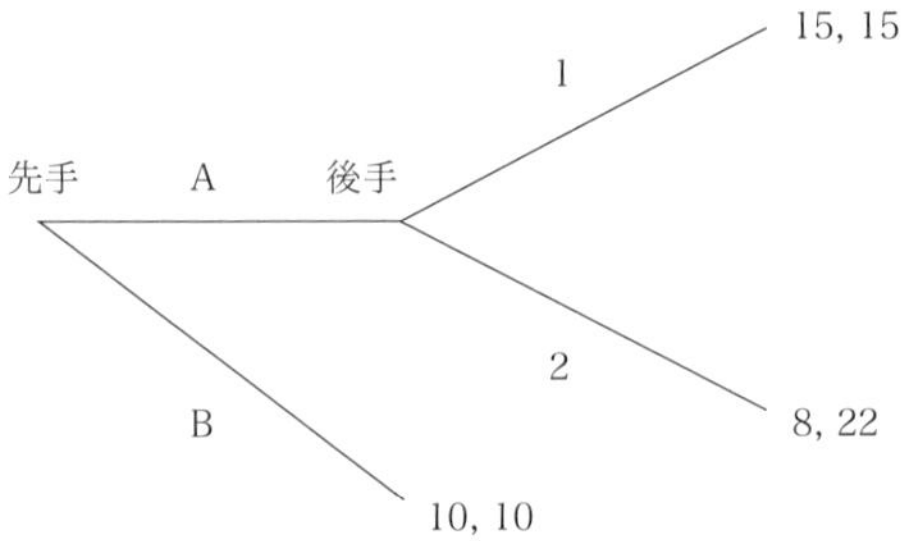

図8-2　信頼と裏切られる嫌悪感

$u(10)-u(8)$を$u(15)-u(8)$で割った値p^*より大きいならば、先手は行動Aをとる。値p^*を、先手にとっての行動1の受入可能な最小確率(minimum acceptable probability、略してMAP)と言う。

被験者にMAPの値を質問することで、被験者がもつリスクや裏切りに対する嫌悪感（もしくは許容度）を調べることができる。MAPの値が大きい先手は、後手が行動1をとる（信頼に応える）確率が大きくないと、相手を信頼して行動Aをとらない。逆に、MAPの値が小さい先手は、後手が行動1をとる確率が小さくても、行動Aをとろうとする。

もし先手の行動がリスクと（自分の）期待効用だけによって決まるならば、被験者のMAPの値は、信頼ゲームと行動1と2が確率的に選択される不確実性下の意思決定問題では同じはずである。しかし、もし先手の選択が裏切りに対する嫌悪感など非金銭的要因にも影響されるならば、2つのMAPの値は異なる。

MAPの値は、後手に裏切られるときの先手の効用$u(8)$の減少関数であるから、先手が裏切られる嫌悪感をもち、心理的コストのために$u(8)$の値が下がるならば、MAPの値は増加する。したがって、もし被験者が裏切られることに嫌悪感をもつならば、信頼ゲームにおけるMAPの値は、不確実性下の意思決定問題でのMAPの値より高いはずである。

実験データによると、信頼ゲームにおける被験者のMAPの平均値は0・54であり、不確実性下の意思決定問題でのMAPの平均値は0・32であった。

実験結果は、被験者は裏切られることに嫌悪感をもつことを示している。裏切りに対して嫌悪感をもつ被験者は、図8-2の信頼ゲームより不確実性下の意思決定問題で（利得が同じでも）より大きなリスクをとろうとする。

信頼は経済成長の原動力

人びとの信頼は、さまざまなチャンネルを通じて経済のパフォーマンスを向上させる。信頼の高い社会では、信頼の低い社会に比べて複雑な契約を結ぶ必要が少なく、取引費用が小さい。企業の経営者は労働者を信頼するので、労務管理のための費用を研究開発のための資金に回せる。また、民間部門は政府や銀行を信頼し、長期的な貯蓄投資の決定ができる。信頼の高い社会では、イノベーションが促進される。また、個人は所有権などの権利を侵害されることを防ぐために司法費用など経済活動以外に資源を費やすことが軽減される。

信頼の高い社会では、イノベーションと資本蓄積が促進されるばかりでなく、教育を通じた人的資本の蓄積も促進される。信頼の高い社会では、担保のない貧しい家庭の子にとっても教育ローンが利用しやすくなり、高等教育への進学率が上がる。また、信頼の高い社会では、信頼の低い社会に比べて血縁関係や人脈が就職に及ぼす影響は小さく、教育投資のリターンが大きいと考えられる。

「信頼は経済成長を促進させる」という仮説を検証するために、29カ国の1980年から1992年までの経済成長率と世界価値調査による信頼度指標の関係を調べた研究がある（Knack and Keefer 1997）。経済成長と信頼度は強い相関関係があり、信頼度の10％増加と1人あたりの国民所得の成長率の0・8％増加は、統計的に有意な相関をもつことが実証されている。

管理の「隠れ費用」

多くの組織では、メンバーが仕事をさぼったりしないように、管理者はメンバーの行動を監視し規制しようとする。例えば、職場では、しばしば労働者に対して労働時間や作業量のノルマが設定される。学校では、生徒の行動を規制するさまざまな校則が定められている。プロ野球の世界では、監督やコーチが選手の行動をこと細かく管理する「管理野球」と「自由放任野球」のどちらが良いかがしばしば話題になる。

メンバーの行動を規制、管理することは、組織のパフォーマンスを向上させるだろうか？　もしメンバーが「信頼に応えたい」という行動誘因をもっているならば、管理を「信頼されていない」とネガティブにとらえ、モチベーションが下がる危険がある。その結果、組織のパフォーマンスも下がる。このような現象を、管理の「隠れ費用」という。

「管理や規制は、組織のメンバーのパフォーマンスに負の影響を及ぼす」という仮説を検証する実験を紹介する（Falk and Kosfeld 2006）。

実験では、次のような管理者と労働者のゲームがプレイされた。労働者は、労働量xを選択する。ここで、xは0以上で120以下の整数である。管理者の利得は$2x$であり、労働者の利得は$120-x$である。労働者がxの労働量を選択すれば、管理者は$2x$の利益を得るが、労働者は労働のコストxを被る。

ゲームの初めに、管理者は労働者の行動を規制するかどうかを決定する。労働者を規制するとき、労働量の下限値mを設定する。労働者は下限値以上の労働量を選択しなければならない。労働量の下限値mは5、10、20のいずれかが設定された。管理者が規制しなければ、労働者は自由に労働量を選択できる。

もし労働者が利己的ならば、規制がない場合、労働量ゼロを選択することが合理的である。このとき、管理者は労働者を規制することが合理的な選択である。

しかし、もし労働者が管理者による規制を「信頼されていない」というマイナスのシグナルととらえるならば、労働のモチベーションが下がる。労働者を規制することによって、管理者の利得は下がるかもしれない。

実験では、平均労働量は、規制がない場合の方がある場合より大きいことが観察された。規制がない場合、平均労働量は25・1であるが、規制がある場合、12・2であった。実験データは、管理の隠れ費用の存在を示している。

規制に対する個々の労働者の反応は多様であった。労働量の下限値が5のとき、利己的な労働者（規制で労働量が増加する）の割合は20％であった。管理の隠れ費用のために労働量が減少する労働者の割合は64％であった。

管理者は、規制を導入することで平均25・8の損失を被った。これを予想して、半数以上の管理者は規制しなかった。例えば、労働の下限値が5のとき、26％の管理者は規制し、74％の管理者は規制しなかった。さらに、規制する管理者は、規制しない管理者より労働者に対して低い期待をもつことが観察された。規制する管理者は労働量を17・8と予想し、規制しない管理者は29・6と予想した。実際の平均労働量は、規制する場合が12・2、規制しない場合が25・1であり、管理者の予想はおおむね正しかった。

実験データは、「管理は組織メンバーのパフォーマンスにマイナスの影響を及ぼす」という管理の「隠れ費用」仮説を支持する。規制の導入は、メンバーのモチベーションを下げ、組織のために逆効果となるリスクがある。

管理者にとって規制が有利であるかどうかは、組織メンバーのタイプに依存する。メンバーが利己的な選好をもつ場合は、労働を規制することは管理者にとってプラスの効果があるが、メンバーが「組織のために働く」という高いモチベーションをもつ場合は、規制の導入はマイナスの効果をもたらす。規制によって管理者が得る経済的利得が大きくないならば、管理者は労働者を信頼した方がよい。

管理の「隠れ費用」仮説は、労働問題だけでなく教育問題にも適用できる。学びの場である学校では、生徒と教師の信頼関係が必要である。一部の生徒の問題行動を阻止するために校則を強化することは、大多数の生徒の教師への信頼を損ない、教育にマイナスの効果を及ぼすリスクがある。校則によって生徒の行動を規制するときは、マイナスのシグナルとならないように十分に注意を払う必要がある。

信頼と文化

近年、文化が経済に与える影響について多くの経済学者が関心をもっている。文化の概念は広いが、経済学やゲーム理論の研究にとって重要であるのは、「文化とは、民族、宗教、社会のさまざまなグループ内で世代を通じて継承される価値観と信念」という定義である（Guiso 他 2006）。信頼の価値観は、文化と経済の重要な架け橋であることが多くの研究によって明らかにされている。

信頼は、さまざまなメカニズムを通じて促進される。人びとは、コミュニティにおける相互交流や質の高い法システムを通して信頼の価値観を発展させる。また、文化の定義にあるように、信頼の価値観や信念は、長い年月をかけて世代から世代へ継承される。歴史のデータによって、どのように価値観と信念が世代間で継承され、現在の経済生活に影響を及ぼしているかを考察する最近の研究を紹介しよう（Guiso 他 2016）。

神聖ローマ帝国が衰退した11世紀末、北部イタリアでは地中海貿易で力をつけた諸都市が自治都市（コムーネ）を形成した。自治都市はロンバルディーア同盟を結び、神聖ローマ帝国に対抗し都市国家としての性格をもっていた。北イタリアの諸都市は、神聖ローマ皇帝のフリードリッヒ1世との戦いに勝利し、1183年「コンスタンツの和約」で自治都市の自立的地位と諸権利を皇帝に認めさせた。自治都市は独自の法律を制定し、人民の名で政治的意思決定を行った（Guiso 他 2016）。

一方、南イタリアでは、11世紀初めにノルマン人が侵入し、イタリア半島南部とシチリアにまたがるシチリア王国を建設した。シチリア王国は、国王に権力を集中する集権的国家体制を築いた。中世イタリアは、ローマをはさんで南は集権的国家、北は自治都市群という特徴を有した（河島 1993）。

近年の社会科学における信頼研究では、社会関係資本（ソーシャルキャピタル）の概念が注目され、社会関係資本と経済の関係が研究されている。一方、社会関係資本の概念は広いため、研究者によって定義が異なる。より限定的な概念として、「公民資本」（シビックキャピタル）の概念が提唱されている。公民資本とは、「グループ内で長く共有され、社会的に有益な活動のただ乗り問題を克服する助けとなる価値観と信念」を意味する（Guiso 他 2011）。

北イタリアの約５４００の都市のうち、中世に自治都市の歴史をもつ都市ともたない都市では、現在、公民資本のレベルがどのように異なるかが調べられた。公民資本の指標として人口千人あたりの非営利組織の数に注目すると、自治都市の歴史と非営利組織の数は、統計的に有意な相関がある。自治都市であった都市では、他の都市に比べて人口千人あたりの非営利組織の数が平均２つ多い。自治都市であった都市の非営利組織の数は平均より30％多い。北イタリアと南イタリアを比べると、人口千人あたりの非営利組織の数は北イタリアが６・４で南イタリアが３・３である。

また、公民資本の他の指標として、臓器提供率や全国学力テストのカンニング率を採用しても、自治都市の歴史と公民資本について同様の関係が観察されている。

なぜ中世の自治都市の歴史的な出来事が現在の公民資本のレベルを高めているのだろうか？　また、もしそうであれば、世代間で継承される文化的形質は何だろうか？

研究では、自己効力感（セルフ・エフィカシー）という概念が注目された（Bandura 1977）。自己効力感とは、「仕事を遂行し目標を実現できる自己の能力に関する信念」のことである。自己効力感の高い個人は、努力の成功を信ずる性向が高いので、公共財の供給に協力する傾向が高いと考えられる。

自己効力感は、家庭や学校での教育、社会との関わりによって世代間で継承されるという仮説を検証するために、約28万人の生徒が受けた全国学力テストでの質問項目の回答から受験生の自己効力感が測定された。その結果、自治都市の歴史をもつ都市の生徒の方がもたない都市の生徒より高いことが実証された。

中世イタリアの自治都市における歴史的な出来事を通じて、人びとは自己効力感の価値観と信念を獲得し、それらは世代間で長く継承され、現在の公民資本のレベルの高さの要因となっている。

信頼の「解き放ち」理論

多くの社会調査では、日本人とアメリカ人の信頼度指標を比べると、アメリカ人の信頼度指標の方が高いことが指摘されている。社会心理学者の山岸俊男は、１９９０年代の早くから信頼に関する日米の比較研究を行い、信頼の「解き放ち」理論を提唱した（山岸 1999）。

日本社会では、家族、身内や仲間などの個人的な人間関係が重視される。また、終身雇用制と年功序列制に支えられた職場での安定的な人間関係が個人の社会生活の大きな部分を占める。家族や職場の同僚など身近な人との付き合いでは、互いをよく知るため裏切られるリスクが少ない。また、協力に対する裏切りやただ乗り行動は、グループ内で処罰される。日本社会は、人びとが個人的な人間関係にコミットし、裏切られる心配の少ない「安心社会」である。安心に裏づけられた信頼は、「相手は裏切らない」という知識に支えられたものであり、知識ベースの信頼であると言える。コミットした人間関係に基礎をおく信頼は、家族や仲間という特定の対象に限定された信頼であり、人間一般に対する信頼とは異なる（Yamagishi and Yamagishi 1994）。信頼の「解き放ち」理論によると、日本のような個人的なネットワークやローカルな社会制度の力が強い「安心社会」では、人間一般に対する信頼は必要がなく、その結果、信頼が醸成されにくい。

一方、アメリカ社会は、日本社会とは対照的に、人びとは個人的な関係に拘束されることが少なく、社会生活を営む上で信頼が大きな役割をもつ「信頼社会」である。アメリカ社会では、ビジネスのルールや法システムなどの社会環境に人びとが適応し、日本人に比べて人間一般に対する高い信頼感をもつと考えられる。ただし、人びとの価値観や信念は固定的でなく、社会環境の変化に影響される。近年、アメリカ社会の信頼度の低下が問題にされている。

文化の世代間継承

文化は、グループ内で世代を通じて継承される価値観と信念である。ゲーム理論を用いて、価値観が世代間でどのように継承されるかを考察できる（Tabellini 2008）。

社会では、わたしたちは身近な人や初めて出会う人など、さまざまな他人と相互交流をもつ。いま、2人の個人の取引を考えよう。取引相手の行動は不確実であり、約束通りに料金が支払われなかったり、品物が届かない可能性がある。個人は、相手と協力して約束通りに取引を実行する（協力行動C）と約束を守らない（非協力行動D）の2通りの行動をもつ。ゲームの利得表は**表8-1**で与えられる。

取引が約束通りに実行されるときの利得を5とする。1人の個人が約束を守らないとき、違法な利得6を得るが、裏切られた個人は損失を被り利得は0となる。双方の個人が約束を守らないとき、利得はともに1である。ゲームは、囚人のジレンマの状況である。

経済的利得に加えて、個人は「約束を守ることは大切である」という価値感をもち、Cをとれば心理的な効用3を得るとする。ここで、心理的効用は、利得や損失などの外的な経済的インセンティブではなく、個人に内在化された道徳規範の価値を意味する。

また、人間にとって協力の道徳価値は相手によって異なり、身近な相手にはより大きな価値を感じる傾向があることが社会学や心理学の研究でよく知られている。個人間の近さは、住居が近いという物理的距離だけでなく、血縁、民族、宗教、言語、付き合いの長さ、共通の友人の数などの社会的次元による近さも意味する。社会的次元による距離を総称して、社会的距離と呼ぶ。

1＼2	C	D
C	5, 5	0, 6
D	6, 0	1, 1

表8-1　初めて出会う人との取引ゲーム

取引相手との社会的距離をdとし、個人は協力行動をとることにより、心理的効用$3\times(1-kd)$を得るとする。ここで、パラメータkはプラスの実数であり、社会的距離に関する心理的効用の減少率を表す。減少率が大きな個人は、家族や身近な人との協力には高い効用を得るが、社会的距離が遠い人には低い効用しか得られない。これに対して、減少率の低い個人は、社会的距離の遠い相手にも近い相手と同じような効用を得る。

議論を簡単にするために、減少率kは、2つの値k_0とk_1（$k_0>k_1$）をとるとする。減少率が大きな個人を低協力タイプ、減少率が小さな個人を高協力タイプと呼ぶ。個人は取引相手との社会的距離dを知るが、相手のタイプを知らない。

家族のように社会的距離がなければ、心理的効用のために、個人の最適な選択はC

	0	d_0	d_1
低協力タイプ	C	D	D
高協力タイプ	C	C	D

表8-2　個人の最適行動と社会的距離の関係

である。Cの期待利得は相手との社会的距離が大きくなるにつれて減少する。これより、社会的距離のある限界値d^*が存在し、相手との社会的距離が限界値d^*以下であれば、Cを選択することが最適であり、限界値d^*以上であれば、Dを選択することが最適である。協力の規範に対する心理的効用の下では、個人の行動パターンは「身近な相手には協力するが、見知らぬ相手とは協力しない」ことになる。

社会的距離の限界値d^*は、次のように計算できる。相手が協力する確率をpとする。このとき、協力行動をとれば、期待効用は$5p+3(1-kd)$である。一方、非協力行動をとれば、期待効用は$6p+1-p$である。限界値d^*では、2つの行動の期待効用は等しいから、$5p+3(1-kd) = 6p+1-p$を解いて、$d^* = 2/(3k)$である。

低協力タイプの個人の限界値をd_0とし、高協力タイプの個人の限界値をd_1とすると、d_0はd_1より小さい。低協力タイプの人は身近な人としか協力しないので、協力の限界値は小さい。これに対して、高協力タイプの人は社会的距離の遠い相手とも協力するので、協力の限界値は大きい。個人の最適行動と社会的距離の関係は、表8-2にまとめられる。低協力タイプと高協力タイプの個人の行動が異なるのは、d_0とd_1の間の社会的距離の相手と取引をする場合である。

「協力することが大切である」という価値観が世代間で継承されるメカニズムとして、親から子への家庭内教育がある。子は、大人に成長したときにさまざまな社会的距離の相手と取引を行う可能性をもつ。親は、自分自身の価値観と将来の子の経済的利得の両方を考慮して、道徳価値を子に教育するかどうかを決定する。このことより、協力の高い価値観をもつ親だけが、協力の価値観を子に教育する(Tabellini 2008)。親の世代の合理的な教育選択によって、協力の道徳価値が子の世代に継承される。

信頼と社会制度

社会制度は、約束や契約を守らない個人を処罰する仕組みである。信頼の道徳価値と社会制度はともに、約束が守られ取引が円滑に実行されるための社会的な仕組みであるが、2つの仕組みはどのように相互作用するだろうか？　社会制度の強化は、道徳価値の育成を促進するだろうか、あるいは阻害するだろうか？　信頼の世代間継承のゲーム・モデルを用いて考えてみよう。

表8-1で、個人2が取引の契約を守らないとき、確率qで違法行為が発見されるとする。違法行為が発見されれば、取引が契約通りに実行され、個人1は利得5を得るが、個人2は処罰され利得1しか得られない。個人2の違法行為が発見されないときは、**表8-1**と同じ利得の組(0, 6)が実現する。個人1は$5q$、個人2は$6-5q$の期待効用を得る。社会的距離の限界値d^*は$(2+5q)/(3k)$に上がる。

社会制度によって取引が契約通りに実行される可能性が高まるので、個人は社会的距離の遠い相手とも安心して取引でき、個人のタイプにかかわらず、取引のための社会的距離の限界値は大きくなる。

いま、2種類の社会制度を考える。1つは、家族や職場などのように、ローカルなグループ内において規範を守らない個人を処罰するインフォーマルな制度である。もう1つは、法律のように、広く取引全般における違法行為を処罰するフォーマルな制度である。制度の強化は、限界値d^*の上昇を意味する。

表8-2において、インフォーマルな制度は社会的距離がd_0以下の個人間の取引に適用され、制度の

強化は限界値d_0を右方向にシフトさせる。この結果、d_0とd_1の間の区間が縮小する。この区間では、高協力タイプの個人だけが協力し、協力の価値観をもつ親は子に価値観を教育しようとする。インフォーマルな制度の強化により、高協力タイプの個人だけが協力する範囲が縮小するので、親が子に協力の価値観を教育するインセンティブが下がる。その結果、道徳価値の継承が阻害される。

これに対して、フォーマルな制度は社会的距離がd_0以上の個人間の取引に適用され、制度の強化は限界値d_1を右方向にシフトさせる。この結果、d_0とd_1の間の区間が拡大する。フォーマルな制度の強化は、親が子を教育するインセンティブを上げ、道徳価値の継承が促進される。

以上の議論をまとめると、家族や仲間内などローカルなコミュニティでのインフォーマルな制度の強化は道徳価値の継承を阻害し、法律などのフォーマルな制度の強化は道徳価値の継承を促進する。

日本社会は、家族や仲間内の個人的なネットワークにコミットした関係が強く、人間一般に対する信頼の醸成が阻害されるという、信頼の「解き放ち」理論のテーゼを、ゲーム理論のモデルを用いて証明することができる。

信頼と協力から倫理へ

信頼と互恵主義は、人間社会の協力を実現するための基本的なメカニズムである。人びとは相互交流を繰り返しながら、互恵主義による協力の仕方を学習する。協力は人びとの間に信頼の感情を芽生えさせ、信頼がさらに協力を促進する。信頼にもとづく協力関係は、人びとが生来もっている他人の喜びや苦しみに共感する道徳的感情を発展させ、「いかに善く生きるか」について正義と公正の価値規範に導く。人びとが価値規範を共有するようになれば、それは人間社会の倫理として成立する。人びとは、個人的な目的を追求するだけでなく、倫理にもとづきフェアにプレイすることに価値を見出す。

最後の章では、ゲーム理論の視点からフェア・プレイについて考えてみよう。

コラム11　信頼の研究

どのようなときに人は他人を信頼し、他人の信頼に応える行動を選択するだろうか？　人びとのインセンティブと期待だけでなく、価値観などの文化的、心理学的要因や規範や制度などの社会的要因も信頼行動に大きな影響を与える。

信頼の概念は、長らく社会学、社会心理学、経営学、政治学、文化人類学、進化生物学などの広範囲な学問分野で研究されてきたが、1990年代以後、経済学やゲーム理論の分野でも信頼の研究が活発になっている。現在、信頼が人びとの経済行動や組織、経済のパフォーマンスにどのような影響を与えるか、信頼と社会制度はどのような関係にあるかなど、信頼に関わる広範囲な問題が理論と実証の両面から研究されている。

第9章　フェア・プレイ

要点

●ゲーム理論は価値中立的であり、道徳や正義の問題を考察する哲学や倫理学にとって有用である。
●功利主義は、「できるだけ多くの人を幸福にする」という考えにもとづく。ジョン・ハーサニは、「公平で中立的な観察者」のゲーム・モデルによって、功利主義の理論的基礎を築いた。
●平等主義を重んじるジョン・ロールズは、功利主義を批判する代表的な哲学者である。

人間にとって倫理とは

日常生活では、人は、希望の仕事に就きたい、多くの収入を得たいなど、個人的な希望や目的を実現したいと思う。しかし、そればかりでなく、救いを求める人を助けるべきである、自由と平等を実現する社会を作るべきであるなど、倫理的、道徳的な価値や規範も人の行動に大きな影響を与える。

倫理とは何だろうか？　古今東西を問わず、哲学者や思想家は、人間にとっての倫理の意味について思索を重ねてきた。ことばの意味としては、「倫」はなかま、「理」はことわりを意味し、和辻哲郎は、倫理とは、人間共同態の存在根底としての秩序であると論じている（和辻 2007）。西洋哲学で倫理学を初めて体系化したアリストテレスによると、人生の目的は「善く生きる」ことであり、幸福は最高の善である。倫理の定義はさまざまであるが、簡単に言えば、倫理とは、行為の善悪を決める道徳的な価値体系と信念である。

社会のゲームにおいて、プレイヤーは個人的な目的や価値を求めて合理的に行動するだけでなく、正義にもとづいてフェア（公正）にプレイすることにも関心をもつ。フェア・プレイの動機は、経済的な利益や損失の外的なインセンティブではなく、自分の内にある道徳価値である。

もし社会のすべての人びとが同一の正義の原理を共有し、それから導かれる倫理を受け入れるならば、倫理は安定な社会秩序をもたらす。しかし、もし人びとが異なる正義の原理をもつならば、正義の原理をめぐって人びとは対立する。最悪な場合、正義が社会に大きな混乱と悲惨な結果をもたらすことは、人類の歴史が示している。

人は、自分の信じる正義の原理こそが「正しい」と思いがちである。異なる正義を信じる人どうしは、どのように協力し平和で幸福な社会を作ることができるだろうか？

哲学者のポパーは、著作『開かれた社会とその敵』の中で、合理主義の重要性を、次のように述べている（ポパー 1950＝1980，２０７頁）。

> 「合理主義とは喜んで批判的議論を傾聴し経験から学習する態度である、ということができよう。合理主義とは、基本的には、「私は間違っているかもしれない、そしてあなたが正しいのかもしれない。そして努力すれば、われわれはより真理に接近しえよう」ということを承認する態度である。

合理主義とは次のような希望を無雑作に放棄することをしない態度である。その希望とは、論証や細心の観察といった手段を通じて人々は多数の重要な問題についてある種の同意に達しうるのだという希望であり、人々の要求や利害が衝突する所でさえ、様々な要求や提案の議論が可能であり、そして――おそらくは仲裁によって――公平であるために、万人にとってではないにせよ、大部分の人にとって受け入れることのできる妥協に達することがしばしば可能であるという希望である。」

正義は、哲学や倫理学における思索上の問題だけでなく、わたしたちの身近な問題でもある。正義の基本概念の1つに、公正がある。人は公正に扱われないことに怒りや嫌悪感をもつ。権利、義務や富をどのように分配するのが公正であろうか？　このような問題を、分配的正義の問題という。ゲーム理論の視点から分配的正義について考えてみよう。

さまざまな「公正」な分配

どのような分配が正義に適った公正なものといえるだろうか？　哲学史において、さまざまな分配的正義の原理が議論されてきた。公正な分配の主な原理として、次のようなものがある。

(1)「等しく分配すべきである」
(2)「必要に応じて分配すべきである」
(3)「貢献に応じて分配すべきである」

(4)「多くの人ができるだけ幸福になるように分配すべきである」

(1)の考えは平等を重んじ、平等主義（egalitarianism）と呼ばれる。(2)の考えは必要性を重んじ、代表的な思想家はカール・マルクスである。(3)の考えは自由競争の市場では多くを生産した生産者が多くの富を得ることから、競争主義と呼ばれる。また、多くを貢献した人は多くを分配される「資格、権利」（エンタイトルメント）があるという考えにもとづく。(4)の考えは「最大多数の最大幸福」（the greatest happiness of the greatest number）を求めることが正しい行為であるとし、功利主義（utilitarianism）と呼ばれる。

上で列記した分配的正義の原理は、それぞれが特定の正義感や道徳価値を背景にもち、人びとは異なる原理を支持することが多い、大学の授業などでとりあげると、どの原理が正しいか、白熱した議論となることがしばしばである。実社会だけでなく学問の世界でも、ギリシャ哲学の時代から現在に至るまで、さまざまな論争の舞台となっている。

実際の人びとは、分配的正義についてどのような意見をもつかをみてみよう（Konow 2003）。

質問

ジェインは、友人のアンとベティのために6個のパイを焼いた。ベティはアンより2倍パイが好きです。次のパイの分配のうちどれが最も公平だと思いますか？

A　アンに2個、ベティに4個

B　アンに4個、ベティに2個
C　それぞれに3個

211名の回答結果は、分配Aを選んだ人が40%、分配Bを選んだ人が4%、分配Cを選んだ人が56%であった。

もし平等主義がパイの個数を等しく分配することを意味するのであれば、平等主義は分配Cを選ぶ。しかし、もし分配がパイの個数ではなくて、パイから得られる喜びや満足であれば、結果は異なる。ベティはアンより2倍パイが好きなので、アンがパイ1個から1の効用を得るのであれば、ベティはパイ1個から2の効用を得ると考えてよい。効用のレベルでみると、分配Aでは、アンの効用は2、ベティの効用は8である。分配Bでは、アンの効用は4、ベティの効用は4である。分配Cでは、アンの効用は3、ベティの効用は6である。功利主義は、2人の効用の和を最大にするので、分配Aを選ぶ。効用レベルの平等主義は分配Bを選ぶ。

上の回答結果によると、パイの量に関する平等主義と功利主義に大方の意見が分かれるようである。過半数以上の回答者は前者を支持した。効用レベルでの平等主義を支持する人は少ない。

ゲーム理論の有用性

なぜゲーム理論が道徳や正義の問題を考察する哲学や倫理学にも有用であるのか、読者の多くは疑問にもたれることと思う。分配的正義の個別の理論は、特定の道徳価値を前提とする価値理論である。これに対して、ゲーム理論は、特定の道徳価値を前提としないという意味で価値中立的である。

ゲーム理論は、分配的正義の理論で用いられるさまざまな概念を明晰に定式化し、議論の論理的整合性を調べる上で大変有効である。数学やゲーム理論によって、分配的正義の理論の論理的基礎を検討することができる。むしろ、倫理学の研究には、価値中立的な数学とゲーム理論が必要である。

例えば、功利主義の「最大多数の最大効用」の原理は、すべての人の効用の総和の最大化と考えられている。しかし、第2章で述べたように、序数的効用は意思決定主体の選好順序の単なる数値指標であり、異なる人の効用を足すことには何の意味もない（同じ人でも）。効用の和が意味をもつためには、効用は序数的効用ではなく、数としての性質（基数性）をもたなければならない。とくに、異なる個人の効用を比較しなければならない。これを、個人間の効用比較という。功利主義では、個人間の効用比較が可能である効用理論が必要である。

個人間の効用比較は、平等主義においても必要である。平等主義を効用レベルで適用するのであれば、異なる個人の効用が等しい（あるいは、どれだけ大きいか）ということが何を意味するのかを明確にしなければならない。

ゲーム理論と意思決定理論は、個人にとっての効用の概念を定式化し、個人間の効用比較の理論的根拠を提供できる。

さらに、より根本的なレベルで倫理学における数学やゲーム理論の有用性を考えると、多くの道徳哲学者は、道徳的行為を合理的行為の1つの形式であるとみなす。もしこの見方を受け入れるならば、倫理学は合理的行動の一般理論の一科目であり、人文・社会科学の他の分野と同様に、ゲーム理論による数学的分析が有用である。ゲーム理論による道徳的行為の数学モデルは、倫理学における多くの問題を明瞭にすることができる（Harsanyi 1992）。

ゲーム理論は価値中立的であると述べたが、ゲーム理論がどんな道徳価値とも無関係であるというわけではない。ゲーム理論の基本要素は、行動主体であるプレイヤーである。プレイヤーは、「ゲームのルールの制約の下で個人的な価値や目的を追求する自由で自律した行動主体である」と想定される。このようなゲーム理論におけるプレイヤーのモデルの背景には、個人の自由と自律性を尊重する近代個人主義思想がある。また、ゲーム理論の分析は、個人の行動は個人のもつ価値と信念（期待）にもとづいて説明されるべきであるという（方法論的）個人主義の上に立脚する。

倫理の問題では、ゲーム理論は、国家、特定の個人（プラトンの哲人王など）や共同体を個人の上位概念とはみなさない。もちろん、このことは、ゲームのプレイヤーは、国家や共同体、歴史や伝統とは無縁の存在であることを意味するものではない。国家や法制度はゲームのルールを構成する重要な要素であり、歴史や伝統による制約もゲームのルールの一部であり、プレイヤーの行動に影響を及ぼす。

また、プレイヤーはゲームのルールを与えられたものとして受け入れる受動的な存在ではない。必要があれば、ゲームのルールを変更し新しく構築する社会的存在である。第8章の文化の世代間継承モデルでみたように、ゲーム理論によって文化や道徳価値が世代を通じてどのように継承されるかを分析することができる。

功利主義批判

功利主義（コラム12）は、わたしたちの道徳判断や政治的決定に大きな影響力をもっているが、いくつかの問題点が指摘されている。現代倫理学の主要な課題の1つは、功利主義の問題点を明らかにし、いかに功利主義を「こえられるか」を探究することである（セン＝ウィリアムズ 2019）。

すでに述べたように、功利主義の大きな理論的課題は、個人間の効用比較が可能な基数的効用の理論を構築することであるが、ひとまず、そのような効用理論を前提とした上で、しばしば指摘される功利主義の問題点をみてみよう。

第一は、功利主義は総効用の最大化を目的とするので、効用の分配には無関心であるという点である。例えば、2人の個人が分配できる総効用が5と10である場合、功利主義は総効用が最大の10を分配するのが良いとするが、総効用10をどのように分配するかには関心がないと言われる。正確には、功利主義は分配に関心がないわけではなく、総効用が10である限り、どのように分配されるかについて優劣の判断ができないということである。例えば、功利主義は（8, 2）の分配と（3, 7）の分配のうちどちらが良いかは判断できず、どちらも同程度に良いということしか言えない。

上の例では、総効用10のどのような分配も功利主義の立場からは、優劣がつかない。わたしたちの常識や平等主義の立場からは、個人1が効用10を独占する（10, 0）のような極端な分配より、2人が均等に分配する（5, 5）の方が良いとするのが自然な判断である。功利主義は、分配（10, 0）を積極的に支持するわけではなく、均等分配（5, 5）に反対する特別な理由はない。

数学的には、上の例で功利主義が分配を決定できない理由は、総効用10のすべての分配の集合は、傾きがマイナス1の直線であるからである。実際には、わたしたちは効用を直接に分配するのではなく、お金や財の配分を通じて効用を分配する。通常、わたしたちの貨幣に対する限界効用（貨幣が1単位増えるときの効用の増分）は逓減すると考えられる。この場合、2人の（効用レベルでの）分配の集合は直線ではなく上に凸な曲線となり、総効用の最大化は、中間的な分配によって実現する。現実にはあまり起こりそうもない数値例を用いて、一般的な正義原理を評価することは注意しなければならない。

第二は、功利主義は、最大多数の最大幸福を実現するために、最大多数から除外された少数者の幸福を犠牲にすることがある点である。例えば、3人の個人による分配で、（100, 100, 1）と（1, 1, 100）の2つの分配を比較すれば、前者の総効用の方が後者より大きいので、功利主義の立場からは、前者の方が後者より良いと評価される。前者の分配では、少数派の個人3が不利であり、効用1しか得られない。

一方、もし後者の分配が良いとすれば、多数派の個人1と個人2が不利な立場となり、効用1しか得られない。少数者の幸福のために、多数者の幸福が犠牲となる。ベンサムは、貴族や地主の少数派が富を独占し、多数の市民階級が犠牲になっている社会を改革するために功利主義の思想を展開した（コラム12）。

ロールズの格差原理

次に、（100, 100, 1）と（3, 3, 2）の2つの分配を考えよう。前者の方が総効用は大きいので、功利主義は前者が良いとする。

功利主義を批判する代表的な哲学者であるジョン・ロールズは、1971年に出版した著作『正義論』(Rawls 1971, 1999=2010) で平等主義の原理を一般化し、次のような分配的正義の原理（格差原理と呼ばれる）を提唱した。

格差原理
「最も不利な立場にある人の便益を最大にする」(the greatest expected benefit of the least advantaged)。

格差原理は、最も低い効用を得る人の効用を最大にする分配ルールであり、ゲーム理論の用語では、マックスミニ原理（第3章）を意味する。分配（100, 100, 1）での効用の最小値は1であり、分配（3, 3, 2）での効用の最小値は2であるので、マックスミニ原理によれば、分配（3, 3, 2）が良いとされる。マックスミニ原理は最も不利な人（個人3）の効用を優先する。

平等主義（または格差原理）と功利主義との比較については、個人間の効用比較と功利主義の理論的基礎をみたあとで、再び述べよう。

行為功利主義とルール功利主義

功利主義に対する2つの批判をみたが、どのような分配的正義の原理でも機械的な適用を避ける必要がある。功利主義に関して言えば、総効用の最大化の原理が適用される対象は、ある特定の行為か、もしくは一般的な行為ルール（規則）かという問題がある。

例えば、貧しい人が金持ちから1万円を借りたとしよう。貧しい人は、1万円を返すべきであろうか？　貧しい人が1万円から得る効用は金持ちより大きいと考えられるので、貧しい人と金持ちの効用の和を比べると、1万円を返さない方が大きい。したがって、功利主義によると、貧しい人は借りたお金を返さなくてもよいという結論になる（！）。もちろん、このような結論は、特別な場合を除いて、わたしたちの常識に反する。

上のような結論が導かれる原因は、功利主義が適用される対象が特定の状況での行為であるのか、あるいは、一般的な状況に適用される行為ルールであるのかの区別がされていないことである。

行為功利主義は、ある特定の状況における行為が道徳的に正しいかどうかを判定する。上の例では、ある貧しい人が1万円を借りたという特定の状況を考えれば、返済しないことが総効用を最大にするので、返済しなくてもよいと結論づける。

これに対して、ルール功利主義は、金銭の貸借という一般的な状況を考え、「借りたお金を返済する」という行為ルールが人びとの総効用を最大にするかどうかを問題にする。もし返済のルールがなければ、誰も貧しい人にお金を貸そうとしないので、結果として、人びとの総効用は下がる。もし返済のルールがあれば、貧しい人もお金を借りられ、人びとの総効用は返済のルールがない場合より上がる。したがって、ルール功利主義の立場からは、「借りたお金を返済する」という行為ルールが道徳的に正しいという結論になる。

行為功利主義とルール功利主義の結果を比べると、ルール功利主義の方が総効用は大きいので、ルール功利主義の方が人びとの幸福を増大させる。

基数的効用

功利主義と（効用レベルでの）平等主義では、個人間の効用比較が理論の前提である。20世紀前半までの経済学では、無差別曲線による分析が主流であり、基数的効用は時代遅れの概念とみなされていたが、第2章で述べたように、フォン・ノイマンとモルゲンシュテルンは、『ゲーム理論と経済行動』のなかで期待効用理論を提示し、基数的効用を定式化した。その後、ジョン・ハーサニ（第4章）は、フォン・ノイマンとモルゲンシュテルンの期待効用理論を適用して、個人間の効用比較が可能な効用理論の基礎を築いた（Harsanyi 1955, 1977a）。

ハーサニによる功利主義の理論的基礎について述べよう。最初に、効用の基数性について説明する。いま、確率0・01で100万円が当たるくじを1万円で購入する個人Aを考える。お金に対するフォン・ノイマン＝モルゲンシュテルンの効用関数をuとおき、くじが外れて何ももらえないときの効用$u(0)$を0とする。くじと確実に1万円をもらえることを比較すると、個人Aはくじの方を好むので、$u(100)$の0・01倍の方が$u(1)$より大きい。すなわち、100万円の効用$u(100)$は、少なくとも1万円の効用$u(1)$の100倍より大きい。

序数的効用では、100万円の効用$u(100)$は1万円の効用$u(1)$より大きいという情報しか得られないが、フォン・ノイマン＝モルゲンシュテルン効用では、$u(100)$は$u(1)$の100倍より大きいという情報が得られる。

次に、個人Bは、確率0・001で100万円が当たるくじを1万円で購入するとする。お金に対する個人Bの効用関数をvとおくと、100万円の効用$v(100)$は、少なくとも1万円の効用$v(1)$の100倍より大きい。

2人の100万円に対する欲求の強さを比較すると、個人Aは100万円を1万円より100倍以上評価しているのに対して、個人Bは100万円を1万円より1000倍以上評価している。この事実から、個人Bの方が個人Aより100万円を「より強く」要求していると判断できる。このようにして、フォン・ノイマン＝モルゲンシュテルン効用関数の情報をもとに、個人間の効用比較が可能になる。

しかし、フォン・ノイマン＝モルゲンシュテルン効用関数により、リスクに対する個人の選好の強さがわかったとしても、なぜそれが道徳価値や分配的正義と関係があるのか、疑問をもつ読者も多いと思う。

この問題を考えるために、ベンサムより4半世紀前に生まれたスミスの道徳哲学に戻ってみよう。

スミスの『道徳情操論』

スミスは、人間の本性から人間の道徳原理を考察した著作『道徳情操論』（スミス 1759=1969）の冒頭で、

「人間がどんなに利己的であると考えられようと、人間の本性には、他人の運不運に関心をもち、

それを見ることの喜び以外は何もないが、他人の幸福を必要とする原理が明らかに存在する」(引用者訳)

と述べている。スミスは、そのような人間の心の動きを、同感と呼んだ*。同感は、他人と同じ立場に立ってその感情を想像することで可能となる(スミス1759=1969, 42頁)。

「もしわれわれがかれと同じ立場に立ったとすれば、われわれ自身一体どんな感じをもつだろうか、ということを思い浮かべる以外に方法はない。」

ゲームのプレイヤーは、個人的な目的を可能な限り実現しようとする。自由競争の市場では、人びとは富や名誉、地位をめぐって競争する。しかし、スミスは、「自由競争とは勝つためには何をしてもいいということではなくて、公平で中立的な観察者が同感する範囲内で全力をあげること」(水田 1997) と考え、フェア・プレイの大切さを説いた。

ゲームのプレイヤーは、他のプレイヤーも自分と同じようにそれぞれの目的を追求する存在であることを理解し、中立的な観察者の眼から平等な関係であることを認める。プレイヤーは、互いがそれぞれの目的を実現することを尊重し、それを妨げるような行為(相手を倒したり足を引っ張る) をフェアでないと感じる。プレイヤーたちは、中立

＊　スミスは、同感を表すためにsympathyの用語を用いている。現代英語では、スミスの同感の概念は、ドイツ語のEinfühlung (感情移入) の訳語であるempathyの方がより適切である。同情 (sympathy) の用語は、他人の不運に対して哀れみや悲しみを感じる感情を表すことに使われる。

的な観察者の立場に立って、許される行為と許されない行為に関して道徳的判断をもつ。

中立的な観察者のゲーム・モデル

ハーサニは、1955年に発表した論文で、中立的な観察者のゲーム・モデルを定式化して、ベイジアン意思決定理論（第2章）の立場から功利主義の理論的基礎を構築した（Harsanyi 1955）。ハーサニの倫理理論を説明しよう。

いま、議論の単純化のために、2人の個人からなる社会を考えよう。社会の可能な状態をPとする。社会状態は、道徳規則、政府の政策、所得分配など個人の厚生に影響を及ぼす変数を表す。2人の個人は社会状態Pに対して、それぞれ個人的な選好をもつ。個人iの社会状態Pに対するフォン・ノイマン＝モルゲンシュテルン効用を$u_i(P)$とおく。

さらに、個人は、中立的な観察者の眼から社会状態を評価し、社会状態に関して選好をもつとする。この選好を、個人の道徳的（または社会的）選好という。個人の道徳的判断は、道徳的選好にもとづく。

個人の道徳的選好も個人的選好と同じく期待効用の公理（第2章）をみたすとし、社会状態Pに対する個人iの道徳的効用を$v_i(P)$とおく。厚生経済学の用語では、道徳的効用は社会効用または社会厚生と呼ばれる。以下では、個人1が中立的な観察者に立つ場合を考え、個人1の道徳的効用関数$v_1(P)$を、単に$v(P)$と表記する。

個人的選好と道徳的選好は、期待効用の公理に加えて、次の公理をみたす。

公理（個人的選好と道徳的選好の間の正の関係）

2つの社会状態PとQに対して2人の個人がPをQより（弱く）選好するならば、中立的な観察者の道徳的選好もPをQより（弱く）選好する。

この公理は、社会のすべての個人が一致してPをQより選好するならば、道徳的な視点からもPをQより選好することを意味する。公理の要請は、道徳的な価値判断として弱く自然なものである。公理は、分配のパレート最適性（第3章）に対応する。

個人が中立的な観察者としてもつ道徳的選好は、彼または彼女の個人的選好とは異なるものである。例えば、個人1は魚より肉が好きで、個人2は逆の選好をもつとしよう。いま、個人1が中立的な観察者の眼から、「個人2が肉を食べる」ことと「個人2が魚を食べる」ことを評価するとき、自分が肉好きだという理由で、個人2は魚より肉を食べるべきだと（中立的な観察者として）判断するのは不合理である。個人1は、自分の個人的な選好（肉好き）で評価するのではなくて、「もし自分が個人2だったら、肉と魚のうちどちらが好きだろうか」と想像してみる。そして、中立的な観察者としての個人1は、個人2の選好に同感して、それを受け入れる。

中立的な観察者は、自分と相手の個人的な選好を尊重し受け入れるとともに、それらのどちらを優先すべきかについて、中立的な立場から道徳的判断をする。

例えば、個人1は裕福で、個人2は貧しいとする。中立的な観察者の立場で、個人1は、「政府は2人のどちらに100万円を補助すべきであるか」を判断しなければならないとする。個人1は、個人的な選好では１００万円を欲しい。しかし、中立的な観察者の立場から、自分と相手のどちらがより１００万円を必要としているかを評価し、個人的な選好とは異なり、「貧しい個人2に１００万円を補助すべきである」と判断する。

道徳的効用関数の一次同次性

各社会状態Pに対して、個人1と個人2はそれぞれ（個人的な）効用u_1とu_2を得る。また、個人1は、中立的な観察者として、道徳的効用vを得る。これより、道徳的効用vと2人の個人的効用u_1とu_2の間に関数関係 $v = f(u_1, u_2)$ が成立する。*

関数vは、実数kに対して $kv = f(ku_1, ku_2)$ の関係式をみたすことが示せる。すなわち、2人の個人的効用u_1とu_2がともにk倍されて ku_1 と ku_2 になれば、道徳的効用vもk倍されてkvになる。数学の用語では、関数$f(u_1, u_2)$は一次同次であるという。

道徳的効用関数vの一次同次性は、次のようにしてわかる。2人の個人にゼロ効用を与える社会状態をOとする。すなわち、$u_1(O) = u_2(O) = 0$である。フォン・ノイマン＝モルゲンシュテルン効用の性質（第2章）より、効用の原点は自由にとれるから、道徳的効用vも$v(O) = 0$となるように定める。kを0と1の間の実数として、確率kで社会状態Pが実現し、確率$1-k$で社会状態Oが実現するくじpを作る。くじに対するフォン・ノイマン＝モルゲンシュテルン効用は期待効用と等しいから、くじpに対する個人1と2の個人的効用は ku_1 と ku_2 であり、道徳的効用はkvである。すなわち、$kv =$

* 数学的には、関数$v = f(u_1, u_2)$ が定義可能で1価関数であるためには、「2つの社会状態xとyに対して個人1と個人2が無差別であれば、中立的な観察者もxとyに対して無差別である」という条件が必要である。この条件は、本文中の公理（個人的選好と道徳的選好の間の正の関係）より導かれる。

$f(ku_1, ku_2)$ が成り立つ。0と1の間の区間の外のkの値に対しても適当なくじを作れば、同様の論法で一次同次性がいえる。

個人間の効用比較

次に、個人1が効用1を得て、個人2が効用0を得る社会状態をS_1とする。個人1と個人2の立場を交換した社会状態をS_2とする。2つの社会状態S_1とS_2に対する中立的な観察者（個人1）の道徳的効用をそれぞれa_1とa_2とする。すなわち、$a_1 = f(1, 0)$, $a_2 = f(0, 1)$である。公理（個人的選好と道徳的選好の間の正の関係）より、a_1とa_2は非負である。

中立的な観察者は、個人1が効用1を得る（個人2は効用0を得る）社会状態の道徳的効用をa_1と評価し、個人2が効用1を得る（個人1は効用0を得る）社会状態の道徳的効用をa_2と評価する。言いかえれば、中立的な観察者は個人1の効用1を道徳的効用a_1に換算し、個人2の効用1を道徳的効用a_2に換算する。もしa_1がa_2より大きければ、中立的な観察者は個人1の効用1は個人2の効用1より大きく、個人1の効用1は個人2の効用1よりa_1/a_2倍の価値があると道徳的な判断をする。このようにして、中立的な観察者の立場から、個人間の効用比較が可能になる。

功利主義的道徳判断

個人1が効用u_1を得て、個人2が効用0を得る社会状態をP_1とする。P_1に対する道徳的効用をv_1とすると、$v_1 = f(u_1, 0)$である。関数fの一次同次性より、$v_1 = a_1 \times u_1$である。同様の論法で、個人2が効用u_2を得て、個人1が効用0を得る社会状態をP_2とすると、$v_2 = a_2 \times u_2$が成り立つ。

最後に、確率1/2で社会状態P_1が実現し、確率1/2で社会状態P_2が実現するくじqを作る。すなわち、くじqでは、

確率1/2で個人1は効用u_1（個人2は効用0）を得て、確率1/2で個人2は効用u_2（個人1は効用0）を得る。

くじqに対する個人1の期待効用は$u_1/2$であり、個人2の期待効用は$u_2/2$である。中立的な観察者の道徳的期待効用は$v_1/2 + v_2/2$であり、$a_1u_1/2 + a_2u_2/2$と等しい。一方、くじqに対する道徳的効用は$f(u_1/2, u_2/2)$と表せるから、$f(u_1/2, u_2/2) = a_1u_1/2 + a_2u_2/2$の等式が成り立つ。したがって、$v = f(u_1, u_2)$の一次同次性より、$(1/2)f(u_1, u_2) = a_1u_1/2 + a_2u_2/2$であるので、$v = f(u_1, u_2) = a_1u_1 + a_2u_2$の関係式が導かれる。

以上の議論から、次の結論が得られる。中立的な観察者の立場にある個人が他の個人の選好に同感して社会状態の道徳的判断をするとき、道徳的判断は、すべての個人の効用の重み付き和$a_1u_1 + a_2u_2$を最大にする功利主義の原理にもとづくものである。

ここで、各個人iの効用に付けられる重みa_iは、中立的な観察者が判断する社会厚生における個人の効用の重要度を表す。例えば、$a_1 = 1, a_2 = 2$ならば、中立的な観察者は、個人2の効用1は個人1の効用1より（社会厚生の観点では）2倍の価値があると評価する。あるいは、個人1の効用2と個人2

の効用1が（社会厚生の観点では）同じ価値があると判断する。

スミスの道徳哲学で重要な点は、ある特定の個人だけが中立的な観察者の立場から道徳的判断を行うのではなく、すべての個人が中立的な観察者の立場から道徳的判断をすることである。そして、道徳的判断にもとづいて、すべての個人はフェア・プレイとは何かを理解し、それに従う。

しかし、異なる個人が異なる個人的選好をもつとき、どうして同じ道徳的判断に達するのだろうか？ハーサニの考えは、次のようである。

異なる個人が異なる個人的選好（肉好きか魚好き）をもつのは、健康状態、体質などの生理条件、家庭環境、教育、文化、社会的要因、過去の経験など個人的な属性が違うからである。中立的な観察者として相手の選好に同感する場合、個人は（自分の個人的な属性ではなく）「かりに自分が相手の属性をもつならば、どのような選好をもつだろうか」と想像する。現実には、相手の属性について完全な情報をもつことはない。また、属性と選好の関係についての心理学上の知識も不完全である。しかし、個人が互いの属性について十分な情報を有し、属性から選好を決定する客観的な心理学的法則の知識をもつならば、合理的判断ができる理性的な個人どうしは、互いの個人的選好を共通に理解し、大きくは違わない道徳的判断ができると考えられる。

ゲーム理論と道徳

ハーサニは、互いに同感できる個人が公平で中立的な観察者の立場に立つという前提の下で、ベイジアン意思決定理論にもとづいて功利主義の理論的基礎を提示したが、このことは、「功利主義に従って行為すべきである」と主張しているわけではない。ハーサニの倫理理論は、「君の意志の格律が、いつでも同時に普遍的立法の原理として妥当するように行為せよ」（カント 1788=1979）のような定言命法を導くのではなく、次のような仮言命法を導く理論である（Harsanyi 1958, 1977b）。

「もし中立的な観察者が是認するように行為したいならば、このように行為しなさい」、
「もし合理的選択の公理をみたすように行為したいならば、このように行為しなさい」。

道徳価値を実現したい個人は、道徳的コミュニティを形成し、中立的な観察者の眼から互いの立場に同感し、合理的な議論が可能であることを共通に理解する。ハーサニの倫理理論は、功利主義が中立性と同感という人間の道徳性と合理的行動の理論から論理的に導かれることを示している。

ハーサニの立場は、ゲーム理論全般についても当てはまる。ゲーム理論は、「合理的に行動しなさい」と指示したり命令する理論ではない。合理的行動の規範理論としてのゲーム理論は、「もしあなたが合理的に行動したいならば、このように行動しなさい」と教えてくれる。数学の厳密な論理を用いて、ゲーム理論は、合理的な行動とは何かを知りたい、合理的に行動したい、というわたしたちの知的関心や思いに応えてくれる。

規範理論はゲーム理論の1つの柱であるが、もう1つの柱は実証理論である。実証理論では、現実の人びとはどう行動するか、どのような選好をもち、どのような道徳的判断をするかを研究する。ゲーム理論は、規範理論と実証理論の両方の視点から社会における人間の行動を研究する。規範理論と実証理

論を等しく重視するゲーム理論の立場を、方法論的二元主義という（Selten 1998）。

批判的ルール功利主義

功利主義は、正しい行為の道徳的判断は究極的には、個人の喜びや価値のみにもとづくものであるとし、個人の効用の総和を道徳的判断の基準とする。しかし、功利主義を機械的に無批判に適用することは避けるべきであり、次の２つの制限が必要である。

第一に、ルール功利主義の議論で述べたように、功利主義は、特定の状況の行為ではなく、一般の状況の行為ルールに適用すべきである。

第二に、人びとが表明する選好が事実関係に関する間違った情報にもとづく場合は、正しい情報にもとづく「真の」選好を考慮する必要がある。例えば、ある人が間違った情報にもとづいて医薬品を欲しいと表明する場合は、表明された選好ではなく健康になりたいというその人の真の選好を考慮する必要がある。また、反社会的な選好を認めることはできない。

ハーサニは、無条件の功利主義に対して、上の２つの条件をみたす功利主義を批判的ルール功利主義と呼んでいる（Harsanyi 1977a）。

ロールズの正義論

社会全体の総効用の最大化を主張する功利主義に対する主な批判の1つとして、功利主義は多数の厚生のために少数の厚生を犠牲にするというものがある。批判者は、「最大多数の最大幸福」の原理の下で少数者の自由と権利が損なわれる危険性を指摘する。

功利主義の代表的な批判者であるロールズは、1971年に著作『正義論』で正義論の体系を提示したが、すでに1958年に出版した論文の中で、正義の原理の基本構想を次のように述べている(Rawls 1958)。

第一原理　各人は、すべての人の同様の自由とともにできるだけ広範囲な自由に対して平等な権利を有する。

第二原理　不平等は、利益を得る職位がすべての人に開かれていて、それによってすべての人が有利になる場合に限り認められる。

ロールズによれば、2つの原理は、3つの理念、自由、平等および共通善への貢献サービスに対する報酬、から成る複合体として正義を表現する。第一原理は、政治的自由、思想、良心の自由、言論の自由などの基本的自由への平等な権利を要請する。第二原理が想定している不平等は、名声、富、組織内の権限、納税義務や強制任務などによる便益と負担の差異である。第一原理が自由に対する平等性を要請し、第二原理は不平等が認められる条件を規定している。この意味で、ロールズの正義論は平等主義の範疇に属し、第一原理が第二原理より優先する。

第二原理は、パレート優位（第3章）である場合に限り不平等を許していて、経済学やゲーム理論でのパレート最適性と同じ考えである。その後、ロールズは、著作『正義論』では、第二原理をより強い条件である格差原理「最も不利な立場にある人の便益を最大にする」に読み替えている。格差原理を分配的正義に適用するならば、ゲーム理論のマックスミニ分配ルールが得られる。

例えば、3人の個人からなる社会で、2つの分配（1, 1, 1）と（2, 3, 0）が選択可能であるとする。マックスミニ分配ルールは、それぞれの分配で最も不利な人の利得に注目し、最も不利な人の効用を最大にする分配を選択する。一般に、分配によって最も不利な人は異なるが、この例では、いずれの分配でも個人3が最も不利である。2つの分配の個人3の効用を比較すると、分配（1, 1, 1）の方が大きいので、マックスミニ分配ルールは分配（1, 1, 1）を選択する。

一方、功利主義は、総効用が大きい分配（2, 3, 0）を選択する。（2, 3, 0）では個人1と個人2が有利である。最も不利な個人3にとっては（1, 1, 1）が望ましいので、ロールズの格差腹理は、（1, 1, 1）から（2, 3, 0）への移行を認めない。

無知のベール

ロールズは、「社会契約」の考えにそって、合理的な人びとは熟慮によって（自分たちの行動を制限する）正義の原理に合意するだろうと論じた。しかし、利害の異なる人びとは異なる正義の原理を主張するかもしれない。例えば、裕福な人と貧しい人は、税について正反対の選好をもつだろう。そのような場合、税は裕福な人と貧しい人の間の政治的交渉によって決まる可能性が高い。

ロールズは、正義の原理は、政治的交渉や社会的効用の計算にもとづくのではなく、人びとが公正なものとして受け入れ、合意するものであると考えた。そして、裕福であるとか貧しいという個人的な属性に関する情報をもたない仮想的な状況を想定した。ロールズは、このような状況を、「無知のベール」の背後にある「原初状態」と呼んだ。

原初状態では、人びとは平等であり、正義の原理を決める手続きへの同等の権利をもつ。各人は、正義の原理を提案し、それを受け入れる理由を表明することができる。原初状態では、人びとは無知のベールのために、社会的および自然の偶然性によって生ずる運不運については知らない。ロールズは、このような原初状態において、平等で合理的な人びとは正義の2つの原理に合意するだろうと論じた。

マックスミニ原理の合理性?

ロールズの原初状態では、人びとは、自分の健康、経済状態など個人的な属性の情報をもたず、将来のさまざまな可能な状態を想像し、正義の原理について熟慮する。原初状態では、人びとは属性や偏見にもとづくのではなく平等性の視点から正義の原理について討議するので、スミスの公平で中立的な観察者と類似の立場に立つ。

ハーサニは、ベイジアン意思決定理論（第2章）を用いて、中立的な観察者の合理的な選択は、功利主義の原理にもとづくことを数学を用いて証明した。ベイジアン意思決定理論では、不確実性下の合理的選択は、フォン・ノイマン＝モルゲンシュテルン効用による期待効用最大化に従うものである。第3章で述べたように、ゲーム理論では、マックスミニ戦略は、2人のプレイヤーの利害が完全に対立するゼロ和2人ゲームにおいてのみ正当化される。

ロールズの原初状態において、ベイジアン意思決定理論によってマックスミニ原理が正当化できるのは、偶然性が「あたかも人びとの敵のように振る舞う」と予想できる場合のみである。

ロールズは、原初状態においては、無知のベールのために、人びとは不確実な事象の確率を評価できないとし、ベイジアン意思決定理論を採用しない。どのような非ベイジアン意思決定理論によって格差原理が合理的選択として正当化できるかは、明らかではない。

現実の意思決定問題では、マックスミニ原理は、わたしたちの直感に反するような非合理な行動を導くことがある。マックスミニ原理は、どんなに可能性が小さくても（確率がゼロでない限り）最悪の事態を想定して、最悪の事態をできるだけ避けようとする行動を選択する。例えば、外出して交通事故にあう確率がゼロでない限りは、確率がどんなに小さくても家にいることがマックスミニ原理による合理的行動となる。マックスミニ原理は、「慎重な」行動とよく言われるが、状況によっては「極端に慎重な」行動になる。

また、分配問題にマックスミニ原理を適用すると、マックスミニ原理は「最も不利」な人の厚生のみに依存し、他の人びとの厚生を考慮しない。マックスミニ原理は、最も不利な人に選択の絶対的な優先権を与えるので、不確実性下の決定問題と同じように、分配問題でも極端な結果を導くことがある（Harsanyi 1975, Rawls 1974）。

功利主義と平等主義の両立可能性

功利主義と平等主義は、相いれない倫理思想なのだろうか？　平等主義が功利主義を批判する主な論点は、功利主義は社会の総効用の最大化を目指すため、多数の厚生のために少数の厚生が犠牲になる可能性があるということである。例えば、3人の個人からなる社会で、功利主義では総効用が最大になるという理由で、分配 (3, 3, 0) が選択される可能性がある。最も不利な個人3は、個人1と個人2が効用3を得るために犠牲になっている。

ロールズの原初状態では、3人の個人は、自分が将来どのような立場になるかを知らず、他の2つの分配 (0, 3, 3) と (3, 0, 3) もありえると想像している。もし総効用6を分配する状況で、平等分配 (2, 2, 2) が実現可能であれば、ロールズの正義論は、(2, 2, 2) が公正な分配であることを主張する。一方、(3, 3, 0) と (2, 2, 2) では総効用は同じなので、功利主義は平等分配 (2, 2, 2) に反対しない。また、もし効用の分配がお金の配分を通じて行われ、限界効用が逓減する（お金を多くもらうにつれて効用の増分が減少する）ならば、(2.1, 2.1, 2.1) のような平等分配も実現可能であり、功利主義と平等主義の結論は同じである。

このように、功利主義と平等主義は、原理的に相いれないわけではなく、むしろ、人びとに求められるのは、2つの原理が両立できるような選択肢をみつける努力である。

平等主義が功利主義を不正義ととらえるのは、歴史的条件などにより、すでに分配 (3, 3, 0) が成立していて、既得権益を守るために、多数派である個人1と個人2が平等分配 (2, 2, 2) への移行に反対するような状況である。これは、功利主義の問題というよりは、利害が正面から衝突する政治的な交渉ゲームで分配が決まり、個人が同感の道徳感情をもつ公平で中立的な観察者の立場から分配を議論しないことからくる問題と言える。

社会のルールを作るゲーム

ロールズの正義の原理は、社会の基本構造に適用される原理である（Rawls 1968）。社会の基本構造とは、社会システムを構成する政治構造や社会、経済のさまざまな制度、仕組みであり、人びとの基本的権利と義務を定め、社会的協働から得られる便益の分配を決定する。ロールズは、１９５８年の正義論の第一論文で、

「正義の原理は、特性を予見できない将来のすべての〝ゲーム〟の原理を、一定の手続きの下で選択する高次の〝ゲーム〟の〝解〟とみなせる」

と述べている（Rawls 1958）。

ゲーム理論の視点からみれば、ロールズの正義論は、次のような二段階ゲームの構造をもつ。第一段階のゲームは、無知のベールの背後にある原初状態であり、プレイヤーが社会の基本構造を選択する高次のゲームである。第一段階のゲームの解が正義の原理である。第二段階のゲームは、無知のベールがとりはらわれてプレイヤーが個人的な属性を知った後のゲームである。第一段階のゲームで正義の原理によって定められた社会の基本構造は、第二段階のゲームのルール原理を決定する。第二段階のゲームのルールは、正義の原理を討議する手続きによって定められる。ロールズは、プレイヤーが平等な立場で正義の原理を提案し是認する公共的な討議を構想した。

ハーサニの中立的な観察者のゲーム・モデルも、ロールズのモデルと類似した2段階の構造をもつ。

中立的な観察者の立場に立つ個人は、ある社会状態で自分の効用がどのようなものかを知らない不確実な初期時点で、社会状態に関する道徳的判断を行う。

2人の理論の違いは、ゲームのモデルの定式化ではなく、適用したゲームの解概念である。ロールズはマックスミニ解を適用し、ハーサニはベイジアン意思決定理倫から総効用の最大解を（中立的な観察者の立場に立つ）個人の合理的選択として導いた。ゲーム理論家のビンモアは、進化ゲームの理論を用いて、ハーサニの理論とロールズの理論の融合を試みている（Binmore 1989）。

心理学からの知見

ハーサニの倫理理論とロールズの正義論は、人びとの合理的選択として道徳的行為や正義の原理を説明しようとする規範理論である。規範理論は、現実の人びとのもつ道徳観や正義感と矛盾しないだろうか？　もし規範理論の結論が人びとの道徳観や正義感と大きくかけ離れるならば、それは「絵に描いた餅」である。

人びとのもつ道徳性の実証研究は、自然・人文・社会科学の多くの分野で進められている。心理学では、実験・アンケート手法や脳科学の手法を用いて、人びとの道徳的感情や正義感が研究されている（亀田 2017）。進化人類学の分野では、実証データにもとづいてヒトの道徳的感情の進化が研究されている（Tomasello 2016）。

人びとの分配に関する公平感は、歴史的条件、比較される人びとのグループ、分配される財の種類、情報のフレーミングなど、状況文脈（コンテクスト）によって変化する。わたしたちは、功利主義や平等主義のような一般的で普遍性のあるグローバルな倫理の理解を深めるとともに、コンテクストに依存するローカルな倫理に配慮する必要がある。グローバルな倫理とローカルな倫理が複合的に社会の秩序を形成する。

図9-1　人間社会の2つのゲーム

モラル・ゲームとライフ・ゲーム

伝統的な経済学の人間のモデルは、利己的で合理的なホモ・エコノミカス（合理的経済人）である。ホモ・エコノミカスは、自分の富や名誉を得るために行動する。しかし、スミスが述べたように、実際の人間は、ホモ・エコノミカスではなく、他人の状態にも同感し、道徳的感情をもつ存在である。

最後通告ゲーム（第3章）、公共財ゲーム（第5章）、グループ形成ゲーム（第6章）、信頼ゲーム（第8章）などの多くの実験研究が示すように、現実社会の人びとは、利己的な選好だけでなく、社会的選好をもつ。自分の金銭的利得だけでなく、利他性、公平性、信頼も実験の参加者の行動誘因であった。

人間社会は、利己的選好や利他的選好などさまざまな要素が混ざった選好をもつプレイヤーが生活を営むライフ・ゲーム（生活ゲーム）である。

ホモ・エコノミカスと対比される人間のモデルは、ホモ・モラリス（道徳人）である。ホモ・モラリスは、スミスの公平で中立的な観察者のように道徳的選好をもち、ロールズの原初状態での人びとのように正義感をもつ。ホモ・モラリスたちが、道徳、倫理、正義の原理を選択するゲームが、モラル・ゲーム（道徳ゲーム）である。

現実の人間社会はモラル・ゲームではなく、モラル・ゲームの結果に影響を受けるライフ・ゲームである。モラル・ゲームとライフ・ゲームの2つのモデルを採用する方法論的二元主義（図9-1）によって、ゲーム理論は道徳哲学や倫理学に有用な理論的視点を提供できる。ハーサニによる中立的な観察者のモデルやロールズによる無知のベールのモデルは、モラル・ゲームに属する。

2つのゲームの区別は、功利主義と平等主義以外の倫理思想である自由至上主義（リバタリアン）や共同体主義（コミュニタリアン）の理解にも有用である（平野他 2002）。

自由至上主義は、個人の自由をできるだけ広く認める立場であり、国家の機能を防衛、治安および司法に限定する最小国家論などが代表的である。自由至上主義は、モラル・ゲームで個人の自由を最大限に重視する倫理ルールを選択するが、その倫理ルールがライフ・ゲームで適切に機能するかどうかを検討する必要がある。国家が税や福祉などの再配分機能や公共財供給の機能をもたなければ、背後にある囚人のジレンマや社会的ジレンマをどのように解決するのかが問われる。

一方、共同体主義は、歴史や伝統という共同体の価値を重視する。個人は、家族、地域共同体、国家、歴史、文化、伝統に制約される。共同体主義は、共同善の実現が正義であると主張する。自由至上主義とは対比的に、共同体主義は、ライフ・ゲームにおける共同体や歴史、文化の要素をモラル・ゲームに移して道徳と倫理を考える。共同体主義は、スミスの公平で中立的な観察者の眼ではなく、特定の共同体の価値にもとづいて道徳倫理を定め、個人より共同体を重視する。そのような道徳倫理が、ライフ・ゲームにどのような帰結をもたらすかを理性的に検討する必要がある。

人間社会のプレイヤーは、ホモ・モラリスではない。個人的な価値や目的を実現しようとする生活人である。また、利己的な選好のみをもつホモ・エコノミカスでもない。スミスの言うように、相手の立場を尊重し、相手に同感できる個人である。道徳や正義の実現が、人びとの第一義の目的ではない。そのような社会は、正常でも健全でもない。ゲーム理論は、フェア・プレイの精神をもち、自分の価値や目的を実現しようとする「ふつうの人」がどのように協力してそれぞれが幸福で豊かな社会を作れるかを探究する。

コラム12　功利主義について

功利主義は、18世紀のイギリスでジェレミ・ベンサムによって体系化され、ジョン・スチュアート・ミルによって発展された倫理思想である。功利主義の原理は、「最大多数の最大幸福」である。ベンサムは、快楽を求め苦痛を避けようとする人間の本性に注目し、個人の幸福を快楽と苦痛という量的なものとしてとらえた。そして、当時の特権階級である貴族や地主に対して、市民階級の幸福の増大を図ることが社会の善であるとした。功利主義の考えにもとづき、産業革命を通じて経済的実力をもつようになった市民階級のためのさまざまな民主的な社会改革が実行された。

その後、個人の幸福は、満足や利益の大きさを数値化した効用の概念によって定式化され、功利主義は、社会におけるすべての個人の効用の総和（もしくは効用の算術平均）を最大化することを意味すると考えられるようになった。

功利主義は、道徳的な正しさや社会政策を個人の効用にもとづいて評価し、特定の個人の利益を優先しないという意味で民主主義的な原理である。また、個人の総効用の最大化という客観的で科学的な基準にもとづく。

功利主義は、現代社会でもわたしたちの倫理感に大きな影響力をもっている。例えば、感染症の大流行時において、限りあるワクチンを医療従事者に優先して割り当てるという決定は、社会全体の感染リスクを下げるためには、最も感染リスクの高い医療従事者のリスクを下げ、医療従事者が安全に医療に専念する必要があるという功利主義的な考えにもとづいている。

あとがき

本書では、最初に極力数式を用いない方針を立て、タテ書きで原稿を執筆しました。このように、事前に将来の行動を制約することを、ゲーム理論ではコミットメントと言います。非ゼロ和ゲームでは、コミットメントがしばしば有利な結果を導くことが知られています。

大学での授業の経験から、初学者がゲーム理論につまずく大きな原因は、「相互依存する複数の行動主体」というゲーム理論独特の世界観にあるようです。私たちは、1人の人が相手の行動を予想して最適な行動を選択するという単一の最適化はイメージしやすいですが、相手もそのように最適化する行動主体であることを忘れがちです。複数の最適化主体が共存するときにどのような結果が生ずるかという問題が、ゲーム理論の核心であり、それを分析するためのキー概念がナッシュ均衡です。「自分の視点」と「相手の視点」をともに考えることがゲーム理論の難しさであり面白さです。本書を通じて、読者がゲーム理論の面白さを体験していただければ、うれしく思います。

わが国の教育カリキュラムは、入試制度のため、高校生の早い時期から文系と理系に分かれ、文系を選択した学生は、入試に関係のない数学には関心をもたなくなる傾向があります。一方、理系を選択した学生は、数学が理工学だけでなく人文学、社会科学の研究にどれほど役に立つかを学ぶ機会が少ないのが現状です。実社会では、文系と理系の区別はあまり意味をもちません。今後のＩＴ社会を生きる若い人々にとって必要な合理的な思考力と判断力、豊かな想像力と他者への共感をもつことにゲーム理論は役立つと思います。

ゲーム理論の見方や考え方に触れることは、わたしたちの身近な社会の問題を理解し解決するうえでも有益です。グローバル化と情報化が飛躍的に進展した現代社会では、人間関係から経済、政治、国際関係までさまざまな対立、衝突が生じています。貧困、不平等、気候変動、平和構築などの難問を解決するためには、異なる価値観や文化をもつ他の人びとと協力関係を築くことが大切です。

近年、「合理的で利己的な経済人」（ホモ・エコノミカス）のモデルを超えて、利他性、互恵性や公平性を考慮する社会的選好をもつプレイヤーのモデルが開発され、信頼や文化（第8章）、道徳や倫理（第9章）も経済学やゲーム理論の研究対象となっています。ゲーム理論によって、社会科学だけでなく人文学の基本問題にも新たな視点が提供されることが期待されています。

国際社会は、地域紛争、国際テロ、気候変動、金融危機、経済対立、移民問題、貧困、所得不平等、人権抑圧、自国第一主義、専制主義国家の増大など多くの難問に直面しています。本書を執筆中にも、新型コロナウイルスの大流行とロシアによるウクライナ侵攻という世界を揺るがす大事件が起きました。これらの問題の解決には、プレイヤーの行動誘因と期待、社会のルールを変え、国際協力を実現することが必要不可欠ですが、核兵器廃絶、気候変動、自由貿易の国際交渉などが示すように、国際協力の実現は容易ではありません。しかし、悲観的になることは、さらに問題の解決を困難にします。

ポパーのことば（第9章）にあるように、合理主義とは、人びとの利害が衝突するときでも、論証と観察を通じて重要な問題について同意できるという希望、議論や提案が可能であり多くの人が受け入れられる妥協に達することができるという希望を無雑作に放棄しない態度です。ゲーム理論の目的は、合理主義の立場から、幸福で豊かな社会の実現に貢献することです。

最後まで本書を読んでくださった読者の方々に、心より感謝の意を表したいと思います。

岡田　章

索　引

あ 行

アインシュタイン, A.　1
アレ, M.　34
安定集合　142
安定点　165
安定マッチング　157
鞍点　49
一括均衡　108
一般均衡　7
ヴェーバー, M.　13
後向き帰納法　83
エッジワース, F. Y.　153
エルズバーグ, D.　37
オストロム, E.　117

か 行

外部安定性　142
格差原理　222
角谷の不動点定理　9
確率的戦略　50
隠れ費用　200
価値中立的　218
カーネマン, D.　15
間接互恵性　187
完全一致ゲーム　44
完全均衡　84
完全情報ゲーム　78
完全対立ゲーム　43
完全ベイジアン均衡　104
機会費用　195
基数的効用　32
期待効用　31
期待効用仮説　31
規範理論　145
逆選択　98
客観的確率　24
供給関数　7
競争主義　216
協調の失敗　63
協調問題　62
共同体主義　243
共有地の悲劇　116
協力　10
協力ゲーム　144
協力問題　118
均衡選択問題　59
均衡点　55
近代合理主義　12
近代個人主義思想　219
くじ　27
繰り返しゲーム　118
クーン, H.　83
クリティカル・マス　166
ケインズ, J. M.　170
ゲーム　9
ゲーム・ツリー　75
ゲームの値　52
ゲームのルール　10
ゲーム理論　2
限界収益　126

限界生産性 152
現在価値 119
原初状態 237
限定合理性 14
コア 147
行為功利主義 223
公共財 125
公共財の二次ジレンマ 131
交渉解 67
交渉の不一致点 67
交渉問題 64
公的情報 78
行動 10
公平性 145
公平で中立的な観察者 226
功利主義 216
合理的期待理論 178
合理的な人間 13
合理的バブル 181
国際公共財 125
互恵性 123
個人間の効用比較 218
個人合理的な戦略 116
個人情報 78
コミュニケーション 100
混合戦略 50

さ 行

最適応答 54
最適応答関数 165
最適応答原理 54
先読み推論 83
サベージ, L. J. 33
シグナリング 106
自己拘束的な合意 57
自己効力感 204
事後信念 80
自己矛盾的 56
事象 79
市場均衡 6
事前信念 80
実現可能集合 67
実証理論 146
しっぺ返し戦略 123
社会規範 185
社会契約説 132
社会ゲーム 5
社会厚生 227
社会効用 227
社会情報 184
社会的ジレンマ 117
社会的選好 128
自由至上主義 243
集団合理的な戦略 116
主観的確率 24
需要関数 7
純粋協調問題 53
条件付き確率 80
条件付き協力者 127
勝者の災い 110
情報集合 77
情報不完備ゲーム 80
序数的効用 23
進化ゲーム理論 17
進化論 16
信憑性のない脅し 84
信頼 191
信頼ゲーム 193
推移性 23
数理経済学 6
スクリーニング 108
正1次変換 32
正義の原理 235
生存闘争 16

制度　131
ゼルテン, R.　84
ゼロ和２人ゲーム　5
ゼロ和３人ゲーム　139
選好順序　21
選択肢　10
戦略　43
戦略ゲーム　5
戦略的補完性　165
相互依存状況　11
相互認識　93

た　行

対立　10
ダーウィン, C. R.　16
ただ乗り　125
タッカー, A. W.　113
ダブル・オークション　177
チェーンストア・パラドックス　92
逐次合理性の原理　83
知識の知識　79
チープトーク　100
提携　138
提携ゲーム　143
デカルト, R.　12
同感　226
投機　175
動機　14
道徳的選好　227
独立性の公理　30
トリガー戦略　121
取引費用　192

な　行

内部安定性　142
ナッシュ, J. F.　55
ナッシュ均衡　56
ナッシュ交渉解　70
認知　14
認知バイアス　38

は　行

ハーサニ, J. C.　80
バブリング均衡　106
バブル　173
パレート, V.　68
パレート効率的　67
パレート最適　67
反事実的な事象　85
美人投票　170
非ゼロ和ゲーム　44
非対称情報ゲーム　98
平等主義　216
評判戦略　91
フォーカル・ポイント　60
フォーク定理　122
フォン・ノイマン, J.　2
フォン・ノイマン＝モルゲンシュテルン効用　32
不確実性　24
不確実性回避的　38
不完全情報ゲーム　78
複数均衡問題　59
部分均衡　7
部分ゲーム　84
部分ゲーム完全均衡　84
ブラウワーの不動点定理　6
フリーライダー　125
プレイ　43, 76
プレイヤー　9
ブロック　141
文化　203
分配的正義　215
分配問題　65

分離均衡　108
ベイジアン意思決定理論　33
ベイズ, T.　33
ベイズの公式　80
別払い　143
ベルヌーイ, D.　24
ベンサム, J.　221
方法論的二元主義　234
保証水準　46
ホッブズ, T.　132
ポパー, K.　13
ホモ・エコノミカス　242
ホモ・モラリス　242

ま　行

マーシャル, A.　2
マックスミニ戦略　47
マックスミニ値　47
マックスミニ分配ルール　236
マッチング・ゲーム　157
マルクス, K.　216
ミニマックス戦略　47
ミニマックス値　47
ミニマックス定理　5
ミル, J. S.　244
無関係な結果からの独立性　69
無知のベール　237
メイナード・スミス, J.　16
目的合理的行為　13
モラル・ハザード　98
モルゲンシュテルン, O.　2

や　行

山岸俊男　205
優位戦略　46
誘因混合ゲーム　44
要求ゲーム　66

ら　行

ランダムマッチング・ゲーム　184
利己的選好　72
リスク　24
リスク愛好的　34
リスク回避的　34
リスク中立的　34
利他的選好　73
利得　43
倫理　213
ルール功利主義　223
劣位戦略　46
レモン　100
連続性の公理　30
ロールズ, J.　222

わ　行

和辻哲郎　213
割引因子　119

参考文献

日本語文献

秋元英一（2009）『世界大恐慌』講談社学術文庫。

ヴェーバー，マックス（清水幾太郎訳）（1972）『社会学の根本概念』岩波文庫（原書は1922年）。

岡田章（2008）『ゲーム理論・入門』有斐閣。

翁邦雄・白川方明・白塚重典（2000）「資産価格バブルと金融政策：1980年代後半の日本の経験とその教訓」『金融研究』12月号，日本銀行金融研究所。

亀田達也（2017）『モラルの起源―実験社会科学からの問い』岩波新書。

ガルブレイス，ジョン・ケネス（鈴木哲太郎訳）(2008)『新版バブルの物語』ダイヤモンド社（原書は1990年）。

河島英昭監修（1993）『世界の歴史と文化　イタリア』新潮社。

カント，イマヌエル（波多野精一・宮本和吉・篠田英雄訳）（1979）『実践理性批判』岩波文庫（原書は1788年）。

ケインズ，ジョン・メイナード（塩野谷祐一訳）(1995)『雇用・利子および貨幣の一般理論』東洋経済新報社（原書は1936年）。

国土交通省（2020）『令和2年版土地白書』。

鈴木光男（2014）『ゲーム理論のあゆみ』有斐閣。

スミス，アダム（米林富男訳）(1969)『道徳情操論（上下）』未來社（原書は1759年）。

スミス，アダム（大内兵衛・松川七郎訳）（1959）『諸国民の富（一）』岩波文庫（原書は1776年）。

スミス，アダム（大内兵衛・松川七郎訳）（1965）『諸国民の富（三）』岩波文庫（原書は1776年）。

セン，アマルティア・ウィリアムズ，バーナード編著（後藤玲子監訳）(2019)『功利主義をのりこえて』ミネルヴァ書房。

ダーウィン，チャールズ（八杉龍一訳）（1990）『種の起源（上下）』岩波文庫（原書は1859年）。

デカルト，ルネ（小場瀬卓三訳）（1963）『方法序説』角川文庫（原書1637年）。

ドイル，コナン（延原謙訳）（1953）『シャーロック・ホームズの思い出』新潮文庫（原書は1894年）。

平野仁彦・亀本洋・服部高宏（2002）『法哲学』有斐閣。

ホッブズ，トマス（永井道雄・宗片邦義訳）（1971）『リヴァイアサン』世界の名著23，中央公論社（原書は1651年）。

ポパー，カール（小河原誠・内田詔夫訳）（1980）『開かれた社会とその敵 第二部』未來社（原書は1950年）。

ポパー，カール（久野収・市井三郎訳）(1961)『歴史主義の貧困』中央公論社（原書は1957年）。

マクレイ，ノーマン（渡辺正・芦田みどり訳）（1998）『フォン・ノイマンの生涯』朝日選書（原書は1992年）。

水田洋（1997）『アダム・スミス』講談社学術文庫。

メイナード・スミス，ジョン（寺本英・梯正之訳）（1985)『進化とゲーム理論―闘争の論理』産業図書（原書は1982年）。

山岸俊男（1999）『安心社会から信頼社会へ』中公新書。

和辻哲郎（2007）『人間の学としての倫理学』岩波文庫。

外国語文献

Allais, M. (1953), “Le comportement de l'homme rationnel devant le risque: Critique des postulats et axiomes de l’ecole Américaine,” *Econometrica* 21, pp.503-546.
Ball, S. B., M. H. Bazerman, and J. S. Carroll (1991), “An evaluation of learning in the bilateral winner’s curse,” *Organizational Behavior and Human Decision Processes* 48, pp.1-22.
Ball, S. B. and C. A. Holt (1998), “Speculation and bubbles in an asset market,” *Journal of Economic Perspectives* 12, pp.207-218.
Bandura, A. (1977), “Self-efficacy: Towards a unifying theory of behavioral change,” *Psychological Review* 4, pp.191-215.
Berg, J., J. Dickhaut, and K. McCabe (1995) “Trust, reciprocity, and social history”, *Games and Economic Behavior* 10, pp.122-142.
Bernoulli, D. (1954), “Exposition of a new theory of the measurement of risk,” *Econometrica* 22, pp.23-36. 元論文は，1738年にサンクトペテルブルグにあったロシア帝国の科学アカデミーの論文誌に掲載された。
Binmore, K. (1989), “Social contract I: Harsanyi and Rawls,” *The Economic Journal* 99, pp.84-102.

Binmore, K. (2007), *Playing for Real*, Oxford University Press, Oxford.
Bohnet, I. and R. Zeckhauser (2004), “Trust, risk and betrayal,” *Journal of Economic Behavior and Organization* 55, pp.467-484.
Bosch-Domenèch, A., J. G. Montalvo, R. Nagel, and A. Satorra (2002), “One, Two, (Three), Infinity, ... : Newspaper and lab beauty-contest experiments,” *American Economic Review* 92, pp.1687-1701.
Camerer, C. (1995), “Individual decision making,” in Kagel, J. H. and A. E. Roth (eds.), *The Handbook of Experimental Economics,* pp.587-703, Princeton University Press, Princeton.
Camerer, C. F. (2003), *Behavioral Game Theory,* Princeton University Press, Princeton.
Chaudhuri, A. (2011), “Sustaining cooperation in laboratory public goods experiments: A selective survey of the literature,” *Experimental Economics* 14, pp.47-83
Copeland, A. H. (1945), “Book review: Theory of games and economic behavior by John von Neumann and Oskar Morhenstern,” *Bulletin of the American Mathematical Society* 51, pp.498-504.
Dal Bó, P. (2005), “Cooperation under the shadow of the future: Experimental evidence from infinitely repeated games,” *American Economic Review* 95, pp.1591-1604.
Dixit, A. (2005), “Restoring fun to game theory,” *Journal of Economic Education* 36, pp.205-218.
Dufwenberg, M. and U. Gneezy (2000), “Measuring beliefs in an experimental lost wallet game,” *Games and Economic Behavior* 30, pp.163-182.
Ellsberg, D. (1961), “Risk, ambiguity, and the Savage axioms,” *Quarterly Journal of Economics* 75, pp.643-649.
Falk, A. and M. Kosfeld (2006), “The hidden costs of control,” *American Economic Review* 96, pp.1611-1630.
Farrell, J. and M. Rabin (1996), “Cheap Talk,” *Journal of Economic Perspectives* 10, pp.103-118.
Fehr, E. and S. Gächter (2000), “Cooperation and punishment in public goods experiments," *American Economic Review* 90, pp.980-994.
Fischbacher, U., S. Gächter, and E. Fehr (2001), “Are people conditionally cooperative? Evidence from a public goods experiment,” *Economics*

Letters 71, pp.397-404.
Gale, D. and L. Shapley (1962), "College admissions and the stability of marriage," *American Mathematical Monthly* 69, pp.9-15.
Garber, P. M. (1990), "Famous first bubbles," *Journal of Economic Perspectives* 4, pp.35-54.
Geanakoplos, J. (1994), "Common knowledge," in Aumann, R. J. and S. Hart (eds.), *Handbook of Game Theory with Economic Applications,* Vol. II, Elsevier, Amsterdam, pp.1437-1496.
Guiso, L., P. Sapienza, and L. Zingales (2006), "Does culture affect economic outcomes?" *Journal of Economic Perspectives* 20, pp.23-48.
Guiso, L., P. Sapienza, and L. Zingales (2011), "Civic capital as the missing link," in Benhabib, J., A. Bisin, and M. O. Jackson (eds.), *Social Economics Handbook,* North-Holland.
Guiso, L., P. Sapienza, and L. Zingales (2016), "Long-term persistence," *Journal of the European Economic Association* 14, pp.1401-1436.
Gürerk, Ö., B. Irlenbusch, and B. Rockenbach (2006), "The competitive advantage of sanctioning institutions," *Science* 312, pp.108-111.
Güth, W., R. Schmittberger, and B. Schwarze (1982), "An experimental analysis of ultimatum bargaining," *Journal of Economic Behavior and Organization* 3, pp.367-388,
Hardin, G. (1968), "The tragedy of commons," *Science* 162, pp.1243-1248.
Harsanyi, J. C. (1955), "Cardinal welfare, individualistic ethics, and interpersonal comparisons of utility," *Journal of Political Economy* 63, pp.309-321.
Harsanyi, J. C. (1958), "Ethics in terms of hypothetical imperatives," *Mind* 67, pp.305-316.
Harsanyi, J. C. (1967-68), "Games with incomplete information played by 'Bayesian' players, I, II and III," *Management Science* 14, pp.159-182, 320-334, 486-502.
Harsanyi, J. C. (1975), "Can the maximin principle serve as a basis for morality? A critique of John Rawls' theory," *American Political Science Review* 69, pp.594-606.
Harsanyi, J. C. (1977a), *Rational Behavior and Bargaining Equilibrium in Games and Social Situations,* Cambridge University Press, Cambridge.
Harsanyi, J. C. (1977b), "Morality and the theory of rational behavior,"

Social Research 44, pp.623-656.（セン=ウィリアムズ編著（2019）の第3章に掲載）

Harsanyi, J. C. (1992), "Game and decision theoretic models in ethics," in Aumann, R. J. and S. Hart (eds.), *Handbook of Game Theory with Economic Applications,* Vol. 1, Elsevier Science, B. V., pp.669-707, Amsterdam.

Kahneman, D. (2012), *Thinking, Fast and Slow,* Penguin Books.（村井章子訳『ファスト＆スロー（上下）』早川書房，2014年）

Kandori, M. (1994), "Social norms and community enforcement," *Review of Economic Studies* 59, pp.63-80.

Knack, S. and P. Keefer (1997), "Does social capital have an economic payoff? A cross-country investigation," *Quarterly Journal of Economics* 112, pp.1251-1288.

Kollock, P. (1998), "Social dilemmas: The anatomy of cooperation," *Annual Review of Sociology* 24, pp.183-214.

Konow, J. (2003), "Which is the fairest one of all? A positive analysis of justice theories," *Journal of Economic Literature* 41, pp.1188-1239.

Kosfeld, M., A. Okada, and A. Riedl (2009). "Institution Formation in Public Goods Games," *American Economic Review* 99, pp.1335-1355.

Kuhn, H. (1953), "Extensive games and the problem of information," in Kuhn, H. and A. W. Tucker (eds.), *Contributions to the Theory of Games Vol. II,* Princeton University Press, Princeton, pp.193-216.

Leonard, R. J. (1995), "From Parlor Games to Social Sciences: von Neumann, Morgenstern, and the Creation of Game Theory 1928-1944," *Journal of Economic Literature* Vol. XXXIII, pp.730-761.

Marshall, A. (1890, 1st ed. 1920, 8th ed.), *Principles of Economics,* Macmillan, London.

Mehta, J., C. Starmer and R. Sugden (1994), "The nature of salience: An experimental investigation of pure coordination games," *American Economic Review* 84, pp.658-673.

Moinas, S. and S. Pouget (2013), "The bubble game: An experimental study of speculation," *Econometrica* 81, pp.1507-1539.

Morgenstern, O. (1976), "The collaboration between Oskar Morgenstern and John von Neumann on the theory of games," *Journal of Economic Literature* 14, pp.805-816.

Nagel, R. (1995), "Unraveling in guessing games: an experimental study," *American Economic Review* 85, pp.1313-1326,

Nash, J.F. (1950), "The bargaining problem," *Econometrica* 18, pp.155-162.

Nash, J. F. (1953), "Two-person cooperative games," *Econometrica* 21, pp.128-140.

North, D. C. (1990), *Institutions, Institutional Change and Economic Performance,* Cambridge University Press, Cambridge.（竹下公視訳『制度・制度変化・経済成果』晃洋書房，1994年）

Nowak, M. A. and K. Sigmund (1998), "Evolution of indirect reciprocity by image scoring," *Nature* 393, pp.573-577.

Ohtsuki, H. and Y. Iwasa (2006), "The leading eight: Social norms that can maintain cooperation by indirect reciprocity," *Journal of Theoretical Biology* 239, pp.435-444.

Okada, A. and A. Riedl (2005), "Inefficiency and Social Exclusion in a Coalition Formation Game: Experimental Evidence," *Games and Economic Behavior* 50, pp.278-311.

O'Neill, B. (1986), "International escalation and the dollar auction," *Journal of Conflict Resolution* 30, pp.33-50.

Ostrom, E. (1990), *Governing the Commons – The Evolution of Institutions for Collective Action,* Cambridge University Press, Cambridge.

Palacios-Huerta, I. (2003), "Professionals play minimax," *Review of Economic Studies* 70, pp.395-415.

Rawls, J. (1958), "Justice as fairness," *The Philosophical Review* 67, pp.164-194.

Rawls, J. (1968), "Distributive justice: Some addenda," *The American Journal of Jurisprudence* 13, pp.51-71.

Rawls, J. (1971, 1999), *A Theory of Justice,* Harvard University Press, Cambridge.（川本隆史・福間聡・神島裕子訳『正義論（改訂版）』紀伊國屋書店，2010年）

Rawls, J. (1974), "Some reasons for the maximin criterion," *American Economic Review* 64, pp.141-146.

Roth, A. E. (1984), "The evolution of the labor market for medical interns and residents: a case study in game theory," *Journal of Political Economy* 92, pp.991-1016.

Roth, A. E. (2002), "The economist as engineer: Game theory, experimentation, and computation as tools for design economics," *Econometrica* 70, pp.1341-1378.

Savage, L. J. (1954), *The Foundations of Statistics,* John Wiley and Sons, New, York. Second Edition (1972), Dover Publications, New York.

Schelling, T. C. (1960), *The Strategy of Conflict,* Harvard University Press, Cambridge.（河野勝監訳『紛争の戦略―ゲーム理論のエッセンス』勁草書房，2008年）

Selten, R. (1975), "Reexamination of the perfectness concept for equilibrium points in extensive games," *International Journal of Game Theory* 4, pp.25-55.

Selten, R. (1978), "The chain-store paradox," *Theory and Decision* 9, pp.127-159.

Selten, R. (1998), "Game theory, experience, rationality," in Leinfellner, W. and E. Köhler (eds.), *Game Theory, Experience, Rationality: Foundations of Social Sciences, Economics and Ethics in honor of John C. Harsanyi,* Kluwer Academic Publishers, Dordrecht.

Shubik, M. (1992), "Game theory at Princeton, 1949-1955: A personal reminiscence," *History of Political Economy* 24, pp.151-163.

Tabellini, G. (2008), "The scope of cooperation: Values and incentives," *Quarterly Journal of Economics* 123, pp.905-950.

Tomasello, M. (2016), *A Natural History of Human Morality,* Harvard University Press, Cambridge.

von Neumann, J. (1928), "Zur Theorie der Gesellschaftsspiele," *Mathematische Annalen* 100, pp.295-320. S. Bargmannによる英訳版は，"On the Theory of Games of Strategy," in Luce, R. D. and A. W. Tucker (eds.), *Contributions to the Theory of Games* Ⅳ (1959), pp.13-42, Princeton University Press.

von Neumann, J. (1937), "Über ein Ökonomisches Gleichungssystem und eine Verallgemeinerung des Brouwerschen Fixpunktsatzes," *Ergebnisse eines Mathematischen Kolloquiums* 8, pp.73-83. 英訳版は，"A Model of General Economic Equilibrium," *Review of Economic Studies* 13, 1945-46, pp.1-9.

von Neumann, J. and O. Morgenstern (1944 1st ed., 1947 2nd ed., 1953 3rd ed.), *Theory of Games and Economic Behavior,* Princeton

University Press, Princeton.（武藤滋夫訳『ゲーム理論と経済行動（刊行60周年記念版）』勁草書房，2014年）
Yamagishi, T. and M. Yamagishi (1994), "Trust and commitment in the United States and Japan," *Motivation and Emotion* 18, pp.129-166.

著者略歴

1954年、和歌山県生まれ。一橋大学名誉教授。
主な著書に『ゲーム理論〔第3版〕』(有斐閣、2021年)、『国際関係から学ぶゲーム理論』(有斐閣、2020年)、『ゲーム理論・入門』(有斐閣、2008年)、『経済学・経営学のための数学』(東洋経済新報社、2001年)など。

ゲーム理論の見方・考え方　けいそうブックス

2022年7月15日　第1版第1刷発行

著者　岡《おか》田《だ》　章《あきら》

発行者　井村寿人

発行所　株式会社　勁《けい》草《そう》書房

112-0005 東京都文京区水道2-1-1　振替 00150-2-175253
(編集) 電話 03-3815-5277／FAX 03-3814-6968
(営業) 電話 03-3814-6861／FAX 03-3814-6854
堀内印刷所・松岳社

ISBN978-4-326-55087-6　Printed in Japan